会社からルールをなくして

社長も投票で決める会社をやってみた。

人を大事にするホラクラシー経営とは?

ダイヤモンドメディア代表取締役
武井浩三 Kozo Takei

WAVE出版

会社からルールをなくして
社長も投票で決める会社をやってみた。

「ホラクラシー」とは

従来の階層型（ヒエラルキー）に代わる新しい組織形態を表す言葉。

一般的には、組織内に上下関係がなく、透明性を重視し、メンバーの主体性に基づいて役割と権限を柔軟に調整しながら自律的に動いていく点が特徴。

アメリカではアマゾン傘下の優良企業であるザッポスが導入したことで注目を浴びる。

はじめに

誰もが幸せになる組織を作りたかっただけなのに、
どうしてこんなに苦しいんだろう？

誰もが幸せになる組織を作りたい。

そんな問いを、僕は10年前からずっといだいてきた。

この本は、同じような悩みを持つすべての人の気持ちに、僕の経験が少しでも寄り添えたら、そして何かのきっかけになれたら、と思って書くことを決めた。

初めに言っておきたいが、これは２０１8年2月現在の、リアルな僕たちの姿だ。

僕自身も僕たちの会社も、まだまだ発展途上。だから実はこの出版の企画も一度は辞退した。確立された経営メソッドや、体系立てられたマネジメントの本ではないし、会社の規模だって大きくないから、きっと読者には受け入れられないと思ったからだ。

でも、どこかで僕たちの会社の取り組みを聞きつけてくれて、僕たちのオフィスにやってくるたくさんの経営者やマネジャーたちと話していくなかで、こんな等身大の僕たちの取り組みでも何かの気づきを提供できるのかもしれない、と思った。

実は、僕は一度目に起業した会社を1年で潰してしまった。

そのとき、自らも経営者である父から、ひとつの言葉をもらった。

「仕事の責任は、お前の命より重いものだ」

自分の保身ばかりを考えていた自分には、とても衝撃的な言葉だった。

しかしこの言葉から仕事をすることの本質を学んだ。

1社目の会社をたたんだ後、縁あって僕は性懲りもなく、また新たな会社を立ち上げることとなる。ただひとつ違ったのは、一度目の失敗で得た大きな教訓を心に刻みつけていたことだ。

自らの無力さを痛感し、ただ世の中に貢献したい、貢献できる力を身につけたい、本当に価値のある仕事をしたい、そう強く思い、さまざまなしくみづくりに着手した。

最初に考えたのは「会社という存在そのものの意義」だった。

会社は顧客への貢献を通じて仲間、家族、社会、世の中のすべてに貢献をする。

僕たちの会社が関わるものすべてにとって、いい存在であってほしい。

会社の存在意義をまっとうすることを、第一に考えようと心に決めた。

会社設立からの数年間は、本業以上に熱を入れて会社の組織づくりに没頭した。

経営のあるべき姿を示唆する経営書を読みあさり、先進的な経営に取り組む世界中の企業の研究をした。

シンプルに「いい会社」ってなんだろう、と考え、問い、議論し続けてきた。

既存の研修サービスも、数えきれないほど試した。

そうして最終的に生まれた考え方やしくみが、

「自分の給料は自分で決める」

「働く時間、場所、休みは自由」

「財務情報はすべてオープン」


など、最近では「ホラクラシー経営」と呼ばれるような取り組みだった。

これらの考え方や取り組みは、単にユニークさを求めたわけではない。「関わるものすべてに対してすばらしい存在でありたい」という僕たちの会社の存在意義そのものであると考えている。

創業当初、単なる受託開発の会社だった僕の会社は、期せずして不動産業界という巨大な産業にたどり着いていた。不動産開発から管理、流通、仲介と多岐にわたる不動産業界では、情報インフラの整備、透明化がいちじるしく遅れている。さまざまなインターネット企業が不動産業界のＩＴ化に取り組み続けているが、その根本的な課題は手つかずのまま残されている。

僕たちのような考え方を持つ企業だからこそ、短期的な利潤の追求だけではなく、長期的な業界全体の改革に取り組めると考えている。

僕たちの挑戦はまだ始まったばかりだが、自分たちの業界をよりよくしていくことで、日本社会の発展に貢献し、その影響力を世界へと拡げていきたいと考えている。

業界や事業規模は違えど、リーダーたちはみな、悩んでいる。

今までのやり方ではうまくいかない。

みんなが幸せになれる組織を作りたいのに、なぜか空回りしてしまう。


僕もかつてそうだった。

悩み、苦しみ、人間不信になりかけた。

そんな現状を変えたいと感じ、ひたすらいいと思うことを試し続けてきた結果、今の僕たちがある。

この一冊が、あなたに「答え」を提供する本ではなく、あなたの組織をより幸せな場所にするための「問い」を提供する本になれたら、これ以上うれしいことはない。

２０１８年２月

武井浩三

会社からルールをなくして
社長も投票で決める会社をやってみた。

もくじ

プロローグ

奇跡の経営を実現させる

第1章 上司なし、ルールなし、管理しないホラクラシー

第2章 ホラクラシー型の組織に挑戦したい人へ

第3章
自然界に学ぶ組織づくり

第4章
ホラクラシー導入のために必要なステップ

第5章 今、僕たちが手がけていること

付録

ほんものの自由の下で働くということ

サバイバルジャーニーガイド

装丁　松田行正＋梶原結実
本文ＤＴＰ　ＮＯＡＨ
校正　鷗来堂
協力　青柳まさみ
アンビショナーズ・ラボ

プロローグ

奇跡の経営を実現させる

◆◆ 経営にイノベーションを起こす

「ホラクラシー経営」の本題に入る前に、本書の大前提となる僕たちの考え方をシェアしておきたい。

企業の存在意義って、何だと思いますか？

僕たちは、企業の存在意義を、

よりよい世の中にするための事業を長期にわたって営み、
その結果として会社に関わるすべてに貢献すること

と考えている。

僕たちのいう、

「会社に関わるすべて」

とは、お客様や株主、社員とその家族一人ひとりだけでなく、地域社会や国家、そして自然環境まで包んでいる。

これまでの経営では軽視されがちだった「会社に関わるすべて」を考えた結果、僕たちのワークスタイルは大変特徴的なものとなった。

最近では、「ホラクラシー経営」と呼ばれ、アメリカでも靴EC大手のザッポスが導入したことで注目を集めている経営手法だ。

僕たちは創業の2007年からこのような経営スタイルを継続している。

その根底には、「自由かつ自律的なワークスタイルを実践することこそ、企業を支える力の根源になる」という考えがある。

そして現在も試行錯誤をしながら、それを具現化する取り組みをしている。

もちろん経営システムの構築だけでなく、自由なワークスタイルの裏側にはそれにともなった責任や高い能力も要求される。

そうした取り組みを続けることで従来の管理型経営では実現できない、会社に関わるすべての人が自由な発想で会社の枠を越えてものごとを考え、自ら行動する新しい経営が生まれた。

このような環境こそが人を成長させ、その結果として会社も成長していくという好循環が生まれると確信している。

ホラクラシー経営を掲げる僕たちの前には、道はない。

先行事例や正解のないことの実践は大変だが、その一つひとつが企業の未来へとつながり、これからの社会の礎になると考えている。

◆初めての起業に失敗し、会社経営の意味を考え直した

幼いころから経営者になりたかったのかとよく聞かれる。

僕は横浜の公立中学・高校を卒業した。

小学生のころからミュージシャンになるのが夢で、中学に入ってすぐにバンド活動を始めた。

経営者になることは考えていなかった。

けれど、その世代の中では目的意識を強く持っていたほうだと思っている。

自分の人生において、どうキャリアを積んでいくかということを常に考えていた。

中学では野球部とバンドを併行してやっていたが、高校に入って野球はやめ、アルバイトをしながら続けた。

高校3年生のころには作詞作曲をし、いろいろなバンドの大会に出て、県大会で優勝したり全国大会で受賞をしたこともあった。

もう自分はこちらの方向に行くしかないと確信した。

高校卒業後は留学させてもらって、アメリカの大学の音楽学部に入学した。

実はこれが、僕とビジネスとの出会いになったのだ。

もともとピアノを習っていたが、ピアノといってもクラシックが嫌いで、ポップスとかそういう音楽が好きだった。

中学に入ってすぐにギターと出会って、バンドをやって。いろいろなジャンルに手を出した。それこそ、ビジュアル系ロックとかハードロック、ヘビーメタル、スカパンクとかオルタナティブ、メロコアなど全部。

もう新しいジャンルが思いつかないというところまでたどり着いたとき、「ムダなものがない」音楽にひかれるようになった。

なかでも夢中になったのはブラックミュージックだ。ブルースやファンク、

R&B、ヒップホップ。「無添加」という表現がぴったりで、何も加わっておらずシンプル。コード3つだけで、こんなに心地よいフローが作れるものかと感動し、そこからどんどんはまっていった。

クラシックのすばらしさも後からわかるようになってきたが、いつも合理的で「レガシーな正解」があることが自分の肌に合わなかった。

一方、ブラックミュージックの基本は全部アドリブ、インプロビゼーション。後から思い返せば、このころから僕は「常識」よりも「自然体で生まれたもの」に魅力を感じる性質だったのかもしれない。

とにかく音楽に身も心も捧げる気になっていた僕は、親にすがったロサンゼルス留学で音楽を2年と少しの間、勉強した。このアメリカでの日々が、僕の経営者としての人生をスタートさせることになるとはこのころはまだ、思ってもみなかった。

向こうで大学を卒業した後も、音楽を勉強しながら生活する日々。そんななか実感したのは、「ビジネスと生活の距離感」の違いだ。

日本にいるときはビジネスや仕事が生活に近いとは思えなかった。

音楽をやっていると我が強くなって、アンチテーゼを求めてしまう。

他人と違うことが音楽の価値なので、だから日本では働くことに対して、「働いたら負けだ」というようなすごい抵抗感のような心理的な壁があった。

◆ビジネスは身近なものだと感じさせたアメリカ

アメリカでできた友人から、ものすごく大きな影響を受けた。

彼は中国系アメリカ人で、まだ20代前半なのに、リサイクル屋さん、レストラン、クリーニング屋さん、ネットビジネス――と、いくつも自分のビジネスを手がけていた。

そんな彼を見て、シンプルにかっこいいなと思った。

それと同時にビジネスに対する見方が変わった。

日本にいたころは「ビジネスとはスーツを着て名刺を持ってやるもの」というイメージがあったが、アメリカでは「自分の好きなことや得意なこと」で「ほかの人ができないこと」を代わりにやってあげるという、ただそれだけのシンプルなものに見えた。

車が好きで、中古車を安く仕入れて自分で直し、それを売って生計を立てている知人もいた。

彼らを見ていたら、「ビジネスは本来そういうものだよな」と肌感覚でわかった。

ビジネスを身近に感じ、「俺にもできるんじゃないかな」と思ったのが、起業を考えた最初のきっかけだ。

他の人ができないことを代わりにやってあげる、そして、お金をもらうという、ただ、それだけのこと。

帰国が決まったとき、日本でビジネスをやろうと漠然と考えていた。音楽に対する夢ももちろん捨てていたわけではなかった。でも音楽でプロとして生活していくには下積みがやっぱり必要で、その間バイトで食いつなぐみたいな、つまらないことをやるのは考えなかった。

会社を作って、ビジネスをやって。そこでお金を稼ぎながら大好きな音楽をやったらいいのではないかと考えたのだ。

◆◆友人を誘って起業するも、一年で倒産

22歳のときに帰国し、ミュージシャンをやりながら人生初の起業をした。

友だちを誘い、ファッション関係のメディア事業を始めた。

結論から言うと……。

思いっきり失敗した。

「経営していた」というより、「一年かけて会社をつぶした」というほうが正しいかもしれない。

創業してまもなく、キャッシュフローが全然回らない状態になった。

借金もあり、うまくいかない会社を運営するのはものすごく大変だった。

でも何よりもショックだったのは、友だちの人生をめちゃくちゃにしてしまったということ。

ひとりは大学を中退し、もうひとりは大手企業をやめ、彼らも借金をして手伝ってくれていた。

事業を売却して会社を精算したとき、ふと、

「俺は何をしたかったのかな」

と大きな疑問が生じた。

会社を立ち上げたときのことを振り返って考えてみた。当時は自分のやりたいことが中心にあって、そのために手伝ってほしい、ただそれだけの気持ちで仲間に声をかけたのだった。

もともとお金に固執するタイプではない反面、「何か大きいことをしてやりたい」という野心は人一倍持ち合わせていた。そのフィールドが音楽かビジネスか、自分の中ではそんなに違いがなかった。

でも、今となってみればそれはひとりよがりのエゴだったとわかる。

当時いだいていた「世の中に価値を残したい」という思いは、「お金がほしい」という欲望と変わらないぐらい、個人的な目標だったのだ。

◆「仕事の責任は、おまえの命より重いものだ」

実家が製造業を営んでいたということもあり、父の影響もあって松下幸之助さんや稲盛和夫さん、永守重信さんなどの本に触れる機会も多かった。

特に好きなのは　松下幸之助さんの言葉。

「仕事というのはすごく神聖なものなんだ」

父は昔からそういうことをいつも言っていた。仕事ばかりで一緒に過ごす時間は多くなかったけれど、自分の哲学を持っている人間で、職人として仕事に情熱を傾ける姿を見てきていた。

彼はモノづくりに対するこだわりと自負心がめちゃくちゃ強く、長いものには巻かれないし、相手が大口の顧客でも理不尽なことは全部突っぱねるようなタイプだった。

そんな父は僕が起業したときも彼なりのやり方で応援してくれた。

今でも忘れられない夜の出来事がある。

最初に起業してまもなく、返す当てのない借金が1000万円ほどできてしまった。事業がうまくいく兆しはまったくと言っていいほど見えなかった。どうすればいいか本気でわからず、つらい心情を父に打ち明けたのだった。

それまでの僕は、挫折を経験したことがほとんどなかった。「俺はやればできる」と自分自身に根拠のない自信を持っていた。

けれど実際に社会に出てみたら、まったく太刀打ちできず、誰からも必要とされなかったのだ。

「俺はこんなにも世の中では金銭的な価値を提供できない男なのか」と現実を目の当たりにして、それまでにあった自信は吹き飛んだ。

しまいには人の目をまっすぐ見て話せないまでに……。

そんなときに父と話す機会があったのだ。

少しでも会社にお金が残っているうちに、立ち上げたそのビジネスモデルからは手を引いて別のことをやったほうがいいのかなと、相談をした。

「立ち上げた事業をやめようかと思ってる。そっちのほうが賢いんじゃないかと思う」

確かそんなことを話したように記憶している。

そうしたら、今までに見たことのないような顔をして、父は僕を叱った。

「確かに経営には正解がない。勇気ある撤退という言葉もある。しかし、全然売り上げが立ってないビジネスだとしても、少なからずお客さんがいて、仲間がいるという時点で、そこには社会的な『責任』が発生しているんだ。会社をやっていくということは、その社会的責任を継続して負っていくということ。その責任は、おまえの命より重いんだ」

という話だった。

うなだれる僕に父はさらに続けた。

「おまえが死んだとしても会社はお客さんに仕事の価値を提供しなきゃいけない。それが会社同士の約束だから。おまえ個人がどんな状況にあるかは、いっさい関係がない。たとえ社長が死んでしまったとしても。やり続けなきゃいけないんだ」

僕はそのころめちゃくちゃまいっていたので、正直言ってどうして父がここまで言うのか、わけがわからなかった。にもかかわらず、頭の片隅では「それは正しい気がするな」と思って聞いていた。

◆腹をくくれば悪あがきもできる

父にコテンパンに叱られた日。ぐっすり眠って朝目覚めると、不思議と穏やかな気持ちだった。

ここまできたら腹をくくろう。いざとなったら借金を背負えばいいだけだ。それぐらいの額だったら、がんばって働けば十分返せるじゃないか。

そうなればこれからの人生のうち3年、5年ぐらいは棒に振るかもしれないが、それはしょうがない、そう思うことができた。

そうしたらめちゃくちゃ心が軽くなった。

それまでは朝起きるのが本当につらかった。

でも「腹をくくろう」と決めてからは、どうしたら世の中にもっと価値を提供できるのか、自分はどうしたらもっと価値ある人間になれるのか、そこだけに意識を向けることができ、今までと違う気持ちで仕事へ向かうことができた。

結局その当時手がけていた事業は改良をいろいろ加えてもあまりよい方向には向かわず、ビジネスとして成り立たなくなった。

最終的にはどうにもできなくなって、会社をたたむことにした。

けれどすでに腹をくくっているから、最後に悪あがきをしてみよう、という元気が出た。

すると驚くことにその悪あがきが功を奏したのか「その事業を買い取ってもいいよ」という何社かがあらわれてきたのだ。

そうして、当時の事業はその中の一社に1000万円で売却することができ、借金も清算することができた。

◆ 第二の創業

僕には、就職経験がない。

この経験が社会人一年目だった。

マイナスからスタートし、事業の売却とともにゼロに「戻った」。

さてこれからどうしよう、と考えていたときにある人物に出会い、僕たちは会社を立ち上げた。

きっかけとなったのは二人の人物。共同創業者の小林憲人と染谷衛だ。

彼らも学生時代に会社をおこし、ビジネスを営んでいた同世代だ。いろいろと折り合いがつかないことがあり、

「お客さんと仲間のために、やるべきことに集中できる新しい環境をつくりたい」

という想いが一致したのが、創業のきっかけだった。

「会社は関係する人だけではなく、関わるものすべてに対して貢献できる存在でないと意味がない」

会社を作ったとき、そんな理念がまず先にあった。

事業内容も、目的もまだなかった。

みんなが幸せになれる、いい会社、いい組織を作ろう。

そうして僕たちは、組織づくりの一歩を踏み出したのだ。この会社がダイヤモンドメディアである。ダイヤモンドが磨かれる前から価値を内包しているように、すべての人に内在した価値があると僕たちは考えている。ダイヤモンドを磨くことができるのはダイヤモンドだけ。そんな想いを込め、会社のロゴは「人」という字を2つ合わせたダイヤモンドマークとした。

◆個人事業主の集まりと協働する組織の間にあった「壁」

2007年に創業してから、2016年でちょうど10年の節目を迎えた。

先ほども言ったとおり、創業当初、事業内容は固まっていなかった。

経営を続けるなかで、自分たちの能力に応じてビジネスモデル自体を意識的に、かつ継続的に変えることで、僕たちはゆっくりと成長してきた。

最初の2年ほどは自分たちにできることも少なかったので、「なんでもやります」というスタンスだった。

ウェブデザインと制作を中心に仕事を請けていた。

そこから少しずつお客様の数が増え、もっといろいろな要望に応えたいと思うようになってウェブマーケティングの研究を始めた。

リスティング広告の運用代行やSEO対策、運用のコンサルティングなど、ウェブサイトを作った後のアフターサービスもどんどん増やしていった。

それによってお客様の幅は少し拡がり、会社の規模もそのころには十人ほどになった。十人を超えると少し組織らしくなり、個人事業主の集合体から、協働する組織へ。

この変わり目で「壁」が立ちはだかった。


分業が進んだことで、ひとりでは仕事が完結しなくなり、働いている人の能力の差も出てくる。

個人の仕事のレベルがそのまま、クライアントへ納品する商品のレベルになってしまう。

次第にオフィスには不穏な空気が流れ始めた。

このころを振り返ると、最初の4年間は本当に組織づくりのことばかり考えていたように思う。

「いい会社ってなんだろう」ということばかりをひたすら研究していた。

その当時から、今も続いている、ダイヤモンドメディアならではの取り組み
――みんなの給料はみんなで決めるとか、情報を全部オープンにするといったこ
とにはかなり時間をかけて取り組んでいた。

でも、いくら話し合ったり、組織づくりにおいて新しいしくみを導入してみた
りしても、解決できない問題がいっぱい残ってしまっていた。

結果的に「これは組織的な問題じゃない。ビジネスモデルの問題だ」
というところに行き着いた。

会社は、言い方を代えれば「仕事をする経済団体」だ。

だからビジネスモデルづくりと組織づくりはセットでやらないといけないとい
うのは、今考えれば当然のことだった。

◆ 強いビジネスモデルで勝負しよう

創業して5年目くらいに組織のあり方について考え直し、「少数精鋭を追求した小さくても強い組織」か、「強いビジネスモデルを作って広く価値を提供していく組織」のどちらを選ぶかメンバーで議論した。

どちらが正解というのはないけれど、僕たちは後者を取った。

自分たちが内包している価値を、より幅広くお客様に提供したいと思ったからだ。

ここで初めて、僕たちは「事業計画」を本気で考えた。

正確にいうと、どうやって事業を作っていくかということすらそれまで考えたことがなかったので、まずはマーケットをしぼることを考えた。

「なんでもできます」

それではいけないということだ。

自分たちの得意なものや知識、技術を一点に集中させ、価値を濃くしていこうとしぼった先にあったのは、不動産業界。

こうして僕たちは、不動産×ＩＴという領域で勝負することに決めた。

「不動産テックベンチャー」、ダイヤモンドメディアの誕生である。

第1章

上司なし、ルールなし、管理しないホラクラシー

◆ホラクラシー経営の本質は「情報の透明性」を担保し「自己組織化」をうながすこと

2016年ごろからだろうか、僕たちは「ホラクラシー」というキーワードで注目されることが増えた。

ホラクラシーについての簡単な説明は、本書の冒頭で述べてある。

僕たちの経営スタイルは「ホラクラシー経営」と表現していただくことが多いが、ホラクラシーという概念が生まれたアメリカで、本家の「ホラクラシー」の情報に触れている人から言わせると、若干の違和感を抱くそうだ。

僕も同じように感じる（その理由は後述）。

僕たちは2007年創業で、ホラクラシーという言葉がアメリカで生まれたのも2007年、それが日本に入ってきたのが2014年ごろだ。

だから、僕たちとしては、「ホラクラシー経営をやるんだ」と言って始めたわけではない。

たまたま、経営スタイルにおいて大切にしているエッセンスが、ホラクラシーと呼ばれる概念や考え方と似ていた、それだけの話だ。

だからお手本もメソッドもなかった。

一貫して大切にし続けてきたことは、

「会社としての存在意義を会社自身がまっとうする」

ただこれだけだ。

プロローグの冒頭で述べたとおり、僕たちが考える企業の存在意義は、

「人、モノ、関わるすべてに対して会社が貢献をする」

ということ。

これをいちばん実現させやすい組織形態ってなんだろう……。

そう模索してきた結果、

自分の給料は自分で決める、
働く時間、場所、休みは自由、
財務情報を含むすべての情報をオープンにする、
肩書きも役職もない——、

といった独自の取り組みに行き着いた。

最初に起業したときの経営スタイルといちばん違うところは、個人のエゴではなく、会社の社会的責任を中心において事業の方向性が決まり、意思決定がされるところだ。

組織は、その中に、たとえ形式的であったとしても「権力」が生まれると、一個人のエゴが暴走し、本質的な取り組みから乖離してしまうものだ。

自分自身が最初の起業でそれを経験したから、今度は一個人のエゴに会社の行く末が左右されない組織を作りたかった。

ひたすらに試しながら、もちろん失敗もしながら、反復して、修正して、というのを繰り返してきた。

そんななかでたどり着いた経営スタイルだから、厳密には「ホラクラシー経営」とは言い切れないのだが、たくさんの人に興味を持ってもらえるきっかけにもなるし、わかりやすいので本書でも一貫してこの表現を使っていきたいと思う。


そうだ。

この項の最後に、僕たちの経営スタイルとアメリカのホラクラシーがどう違うのか書いておこう（そこまでマニアックに知りたい人はいないかもしれないけれど……）。

いちばんの違いは、アメリカのホラクラシーはどちらかというと個別の組織運営メソッドを指していて、組織全体に適用することを前提として作られていないこと。

そして「情報の透明性」に言及していないことだ。


「ホラクラシー」の概念を最初に提唱したのはブライアン・ロバートソン氏。この人が作ったホラクラシー憲法というものがあるのだが、その内容は会議の運営メソッドやチームの運営メソッドが主だ。

アメリカではホラクラシーをとり入れる企業が増えているけれど、その多くがうまくいっていない。

僕はこの原因のひとつは「情報の透明性」が徹底されていないことだと考えている。

ブライアンのメソッドそのものは否定するものではないけれど、たとえ誰かがほかと連絡を取り合って情報を共有できるようにしないといけないとか、肩書きをなくそうとかしても、情報の透明性がなければそもそも実現はできない。
そして、この「情報の透明性の担保」は相当、経営全体に目を向けないとできないことなのだ。

もうひとこと言及しておくと、情報の透明性を担保することは、会社全体を「自己組織化」していくことにつながるということだ。

情報をデジタル化して、組織に関わる人の情報の格差をなくす。

そうすれば権力が勝手に弱まっていき、最適な形で組織が勝手に動き始める。

これが、僕たちのホラクラシー経営の本質だと言い切っても過言ではない。

◆ ＩＴ化に合致するのがホラクラシー

ホラクラシーという考え方が急速に支持されはじめたのには、何か理由があるのかとよく聞かれる。

その答えを語るにおいて、「ＩＴ化」は切っても切れない話だ。

ある研究によると、組織というのは、最初に情報の流れがあって、その流れに沿って構造が作られるものだという。

アナログな環境下においては、情報の流れ方として階層的であるのがいちばん合理的だからヒエラルキー型の組織ができていたというわけだ。

だから、僕たちはヒエラルキーを否定しているわけではない。

あれは「過去の環境下」においては最適だったのだと思っている。

ただ、今の世の中はＩＴによって情報の流れが大きく変わった。

たとえば、昔よくあった学校の「連絡網」を想像してほしい。電話で伝言ゲームみたいに情報を受け渡していた。

途中で誰かが間違えると、その先は間違った連絡が行ってしまう。

でも、今のママさんたち、子どもたちは違う。情報はＬＩＮＥグループでいっせいにシェアされる。

「明日学校休みですよ」とか、「インフルエンザで学級閉鎖です」というコミュニケーションをしている。

多対多のコミュニケーションができるようになって、情報の流れが変わってきている。つまり、多対多のコミュニケーションができる状態に合わせて組織を再構築すると何になるかというと、ホラクラシーとなる。

いっぺんに情報が伝わるから、情報の取りまとめをする人はほとんど不要。

そういう状態で組織を運営していくためには何が必要かというと、「情報の透明性」だ。

◆ 情報の透明化

情報が透明だと、不要なコストをかけている部分や、正しくない意思決定が全部あらわになっていく。

そして説明のつかない意思決定というものが、自然と組織の中で浮かび上がり、問題として顕在化してくる。

それがホラクラシーの特徴だ。

組織の問題が自然と浮かび上がる合理性の高いしくみといえるので、僕はよく「ホラクラシーは経済合理性が高い」と話している。

ヒエラルキー型組織では、係長、課長、部長と役職が上がっていくについて使える経費だとか決裁権限も大きくなる。

役職とその人が持つ権力、予算が全部ひもづいているのだ。

そこには、「部長はこの金額までの決裁であれば正しく判断ができるだろう」という前提があるわけだ。

でも、実際に判断できているかというと、どうだろう。

その範囲であれば、たとえムダな経費を使っていたとしても黙認されてしまうわけだ。

ホラクラシーみたいな透明性の高い組織ではムダが自然と排除されるので、経済合理性が高いといえるというわけだ。

◆ホラクラシーにおける個人の能力の活かし方

ホラクラシー経営が回り始めると、「個人の能力」というものに対する見方も変えざるを得なくなる。

本来会社というのは、ビジネス的な合理性と、人間性や心理に関わる部分と、両方をカバーすべきものだと思う。

でも、今までの経営システムは、基本的にお金の側面からしか組織やビジネスというものをとらえていなかった。

働く人にうつ病が増えているのは、そこも一つの要因があると思っている。

「その人の持っている能力」と「会社組織から与えられた役割」のミスマッチ。これが発生することにより、働く人の幸せは疎外されていく。

でも、これまでの組織のあり方から脱却しない限り、そのミスマッチを調整するのがとても難しい。

一般的な組織図には、実は2つの要素がある。

ビジネスモデルを合理的に回すための機能的な設計図という側面がひとつ。

もうひとつは人事的な側面。

この2つが合わさって、各自の仕事はマトリックス型で定義されている。

タテ軸で見ると、平社員、係長、課長、部長、取締役、社長というレイヤーがあり、ヨコ軸は事業部とか部署にわけられている。

それぞれの四角が交わるところに、ジョブ・ディスクリプション、人事評価の基準、大まかな給与の相場が設定され、そこに人が当てはめられていくのが、ヒエラルキーに基づいた組織のあり方だ。

でも、人間はそんなに器用なわけではない。

各自の得意、不得意はバラバラだから、その四角にぴったり当てはまる能力を持つ人というのはなかなかいない。

しかも給与が連動しているということは、降格が給与の額が減ることにつながり、すごくダメージが大きいものだ。

そうすると、会社としては人を簡単に昇格させることができない。

決められた四角をはみ出すような仕事をした人を、会社はうまく評価できないしくみだ。

働いている人が、自分の本当に得意なこととかやりたいことに力を発揮できないというのが、今までの組織設計に内在している大きな問題だ。

だから、ホラクラシーに取り組むときは、肩書きをなくすとか情報をオープンにするということだけではなくて、どうやってその人の給料を決めるかという評価制度にまで踏み込まないと、結局全部をととのえることはできないのだ。

僕たちは、その人が最終的に会社にもたらしている価値をいろいろな側面から――社外での相場、社内での相場、それからもちろん、その人が生み出したアウトプットという定量的なデータも――総合的にみんなで考えていく。

さらに、各自の給料や仕事の情報も全部オープンにする。

結果として、働く日数は少ないけれども給料が高い人もいれば、うちの会社の中だけでは持っている力を持て余すので自分の会社も立ち上げたり、フリーランスでいろいろな仕事をしたりという人が、結構いる。

単に「副業したほうがいいよね」という話ではなく、「その人が持つ能力を世の中に対して最大限使い切る」ことが一番重要なことだと僕たちは考えている。

◆ブラックボックスに光を

僕たちのビジネスモデルは、不動産業界にある「ブラックボックス」に光を当てたサービスだ。

企業にとっても、その企業の顧客（僕たちのお客様である不動産管理会社・仲介会社の場合は不動産オーナー）にとってもＷｉｎ-Ｗｉｎの関係を作ることを目的に、日夜サービス改善を重ねている。

ここでも、キーワードとなるのは「情報の透明性」だ。情報を正しく、早く、平等に扱えるようになると、情報を隠すことによって得をする、というビジネスモデルが成立しなくなる。

市場の原理が働き始めるのだ。

これは僕たちが会社の中でやっていることとまったく一緒だ。

こういう経営をしているからこそ、不動産業界の情報の非対称性やブラックボックスが目につくようになり、いつのまにか自社サービスにも同じような哲学が反映されるようになった。

❖ 代表は選挙で決める

ホラクラシー組織は「究極のフラット」と表現されることも多い。

事実、うちの会社も「上司、部下」とか肩書きとかがまったくないというのが特徴だ。

本質的には僕たちはもう役員とか代表という肩書き自体を必要としていない。だけど今の会社法上は役員を一人以上を置くことが定められているため、決めざるを得なかったのだ。

だから最低でも一名代表取締役を選ぶ。

僕たちの会社では、その「一名」に何かあったときにも組織が問題なく回るようにという理由で、現在もう一人取締役を置いている。

正直、形だけだが、決めなきゃいけない。

そこで重要視したのは「流動性」だ。

流動性を担保しながら決めるということで、任期は一年にして毎年決め直そうということにした。

決め直すときはしかたがなくやるのではなくて、思いっきり楽しもうというので、選挙をすることにした。

これがいわゆる「社長選挙」。

社外の人も投票できるし、誰に投票してもいい。

ただ、これは勘違いしないでほしいのだが、投票だけでは決まらないし、決めない。

投票は、全メンバーが会社のことを本気で考える「きっかけ」だ。

最終的には、投票結果を元にした話し合いで決まる。

だからもしかすると、次の選挙では僕が社長ではなくなるかもしれない。

でも、それはそれでいいと思っている。

組織の自己成長そのものが組織にとって最善であると僕は本気で信じているからだ。

◆多数決を使わない理由

選挙において、投票結果だけで決めないのはなぜか。

そもそもうちの会社では、多数決でものごとを決めない。

この取り組み自体が、他の組織からは驚かれることも多い。

その理由を改めて書くと、多数決はやればやるほど組織が弱くなっていくものだと考えるから。

なぜなら、リーダーシップとは基本的に「マイノリティ」だからだ。

だから多数決で決めると、リーダーシップを発揮する機会がどんどん失われていく。

でも基本的に今の会社法によると、会社は全部多数決で意思決定できることになっている。

取締役会、株主総会も多数決で決まっている。

そうした形自体が僕たちからすると、これからの組織の実態にそぐわなくなってきていると感じるのだ。

たどり着いたひとつの答えがこの選挙だ。

全部みんなで投票し、外部の人にも投票してもらって、投票結果をすべてオープンにする。そのうえで誰が社長や役員をやるかを話し合って決める。

◆ 給与と仕事をつなげて考えない

僕たちの会社では「給与が全員に対してオープンだ」という話をしたが、これは役員に限った話ではない。一般の社員、バイト、業務委託のメンバーに至るまで、すべての人の給与と報酬が一覧で見られるようになっている。

それだけではなく、給与はみんなで話し合って決められる。半年に一度、給与を含む会社のお金の使い方についてのミーティングがあり、そこでみんなお互いの給与について再確認する。

そのミーティングの場で、その人の取り組みや業務範囲、市場価値などをかんがみて違和感があれば調整していく。

ひとつ特徴的なのは、僕たちの給料には職務給とか職能給というものがいっさいないところだ。

業績連動給もインセンティブもなく、仕事と給料がつながってない。

つながっていないということはすごく重要で、ホラクラシーを実現するうえで絶対的に必要だ。

仕事にお金を結びつけると、みんな仕事のことをお金として見てしまう。

仕事にお金がついていくと、お金がついていてない仕事をしなくなるのだ。

自然と。

そうするとみんな自分の部署の仕事しかしなくなる。

組織にとって何がいちばん重要で、自分が今、何をすべきなのかを全体最適の視点で考える人がいなくなるのだ。

役員は給与が高いのか？　という質問を受けることも多いので答えておくと、役員になる人は影響力の大きい人が多く、そういう人は自然と給料が高くなる傾向が強い。

ただこれも今後どうなるかはわからない。

僕自身が決めることではなく、勝手に決まっていくことだからだ。

◆ 半年に一度の給与会議

「給与をみんなで決める」という取り組みはインパクトがあるようで、多くの機会で質問を受ける。

ひとことで言うとそれはめちゃくちゃシビアな場だ。

ただ、ズルができない代わりに、貢献している人に対しては給料は適正化される。全員の給料を見ながら「ここところはもっと差があったほうがいいね」と全体であるいは部署ごとに話し合う。個人の給料を査定する場ではなく、給与相場をみんなで見てととのえるという場だ。

ちなみにこの場にはいくつかのガイドラインがある。

「加味してはいけないもの」を決めてあるのだ。

まずは個人の意見。「俺は給料がもっとほしい」とかそういう話はいっさい無視する。


次に「労働時間」。

その人の特性と仕事がマッチしているかだけが合わせるポイントとなり、働いた時間などは加味されない。

そして一定期間の成果。いつからいつまでの成果を見て評価する、という概念がない。そもそも成果と給料は連動していない。


成果主義ではなく実力主義と僕たちはよく言う。

「今、俺は会社で○○をやっていて、それは他の人がこれぐらいできなくて、マーケットバリュー的には○○で、アウトソースしたとすると○○ぐらいの価値があって、同じぐらいの能力の人を採用しようとすると○○ぐらい難易度が高い」

そんな感じでみんなお互いの給与を見ている。

自分がどんなにがんばったか貢献しているか、説明しなくてもその場で給料を見ながらまわりが勝手に給料を決めていく会社だ。

◆給与と「組織図」「労働時間」を切りはなす

僕たちの給与の決め方の話をすると、たいていすごく驚かれる。

「うちの会社では絶対に無理です」という人も多い。

どうして無理なのか、考えてみた。

僕はこの理由はふたつあると考えている。

ひとつ目は「組織図による組織づくり」が標準になっていること。

組織づくりをするにあたって、長年の間、機能部門、それから事業部門という
マトリックス型でだいたい仕事が定義されてきた。

さらに階層があってそれぞれの枠の中にジョブ・ディスクリプションというものが定義される。

このことによる弊害は本章の冒頭ですでに述べたとおりだ。

それでも会社が価値を生み続けられるならいいだろう。

ただ、僕たちぐらいの規模だといろいろなことをやらなければいけないし、優秀な人ほど枠をはみ出す。

結果的に、評価できないから給料が不平等になる。

いつしかその人が実際に会社に生み出している価値とその人の報酬が釣り合わ

なくなってくる。

もうひとつは「労働時間と報酬の関係」。

時間と給料がつながっていることは、悪質な長時間労働から労働者を守る側面を持つ反面、能力が低い人やズルをする人ほどお金を稼げてしまうという構造を生み出す。

誠実で能力が高い人のほうがシステム上は評価が低くなってしまう現象が発生するのだ。

それを上司の面談とかでどうにか調整しようとしても無理だ。

だから組織図もなし、お互いの評価もしない、というのがホラクラシーの重要なところとなる。

上司も部下もいないので、評価をしてくれる人がそもそもいない。

◆ ホラクラシー組織に合う人、合わない人

ホラクラシー組織での働き方は本質的に合う人もいるし、合わない人もいる。「言われたことはきっちりやるけどそれ以外のことに気づけない人」というのは難しくなる。

僕たちの会社はまわりとのつながりで仕事をしていくので、コミュニケーションがすべて。

常にチームと情報を共有しながら、「今、どんな感じ？」「チームで今、何が必要？」「会社で何が必要？」ということを自分自身が理解しないとそこにはフィットしていけない。

僕たちの中ではコミュニケーション能力というのは相手を理解する力として考えられている。

相手を理解する気のない人は「この仕事お願いね」と言われて、「いつまでにこれをこなせばいいですか?」というタスク型の仕事しかできない。

それが悪いということではない。

そういう仕事のしかたならアウトソースでいい。

別に内部の人間にならなくてもいいよねという、ただそれだけのことだ。

時間と給料が連動していないので、週何日働こうがかまわないわけだ。

その人が組織にもたらしている価値で給料というか相場が決まっていくから、そこに不平等は生まれない。

休みも自由、ただ「いや、俺はいっさい仕事したくないんだ」というのであれば別に給料を払わないだけとなる。

◆「モチベーション」を扱わない

個人の感情やモチベーションややりがいといったものを僕たちはいっさい扱わない。

それは個人の話であり、組織全体とは何も関係がない。

それを言った者勝ちの世界となる。

そういうものを持ち出すときというのは、往々にしてエゴが暴走しているときなのだ。

エゴは、自分の実力以上を求めたときに暴走し始める。

実力を上げてまかなえるならばそれでいい。

でも実力がどうしても届かないときが問題だ。

そんなとき、人はいろんな方法でその差を埋め始める。

それは実力以外のものとなることが多い。

ウソであったり、情報統制であったり。

そんなことが社内で起こり始める。

でもそのエゴの暴走自体を「それは暴走させたおまえが悪い」と言ったら、それはそこまで。

エゴは人間からは消せないと考えて、暴走しないしくみを作ろうと考えた。

ここでミスマッチが生じたときに、まずそもそもその問題が表面化するようなしくみ、その表面化した問題にちゃんと対峙しないと次に進めないようなしくみ。


できないものはできないと割り切り、成長をうながすことはしない。

普通の組織だと成長とは絶対的にいいものと思われている。

だから成長しないといけないという圧迫となる。

それを僕たちは全部捨ててしまった。

成長する人はする。

しない人は別にしない。

でも、するもしないもいいも悪いもないよねと。

背が高いか低いかみたいなもので、そこに良し悪しはなく、能力も生まれ持ったものとか、その人が求めているもので全然違う。

その人が言っていることと、その人が求めているものは実は全然違ったりする。

言行一致ではないが、その人がやっていることがすべて。

そこに合わせて仕事ができない人はどんどん仕事のレベルを下げていく。

でもそこで仕事と本人の実力がマッチしていて、給料もここまでしか会社としては払えないが、それでもよければいいと。

その人の能力というものが実はほかの領域でもっと高いなら他の部署を手伝って仕事の幅を拡げればいい。

仕事の拡げ方を深く掘るのか、ヨコに拡げるのか、タテに伸ばすのかというのは、その人それぞれの特性。

伸ばし方は結構みんなバラバラでやっている。

第2章

ホラクラシー型の組織に挑戦したい人へ

◆ ホラクラシー型組織の最大のメリット、デメリット

本章では、実際にホラクラシー型の組織づくりに取り組みたい人に向けて、僕たちが実践してきた考え方やよく聞かれる質問に対する答えを伝えていこうと思う。

ホラクラシー型とは自然の摂理にあらがわない組織の構造とメカニズム（力学）だと僕は理解している。

経済合理性、持続性、社会性、自然環境への配慮などを最大化させることが、無理なく自然とできるようになることがメリットといえると思っている。

一方で、ホラクラシー型組織の最大のデメリットは何ですか？　ともよく聞かれる。

いつも答える解答は「ない」のひとこと。

なぜならホラクラシーは、自社や自分自身だけでなく外部のすべてのステークホルダー（顧客、パートナー、コミュニティ、自治体、社会、国家、もっと言うと自然環境、すべての生物鉱物）にとって、自然で健全な関係性を保つための組織形態のはずだからだ。

世の中にとって、そもそもデメリットが生まれないのが本来のホラクラシーだと思っている。

強いて言うなら、前例がないので、しくみや情報のインフラを作るのが難しいということぐらい。

それから、エゴというか私欲的な「もっと売上げがほしい！」「早く会社の規模を大きくしたい！」「楽して手っ取り早く給料を上げたい！」などがまったくできなくなってしまう。

そんなことがデメリットなのかもしれない。

◆ヒエラルキー組織を変えるには？

ヒエラルキー組織であっても、環境を変えれば自然とホラクラシーに変わることができると僕は思う。

というか、ホラクラシーに変わってしまう。

具体的には、

「情報の透明性」

「付与された権力の放棄」

「報酬の分配システム」

の3つをととのえれば、組織は勝手にホラクラシーになる。

この理解をととのえるのが大変なのだけど。

◆上司なしで社員は判断に迷わない？

ホラクラシーを導入すると、たくさんの変化が起きるだろう。

たとえば、上司、部下という肩書きをなくすことによる変化。よく「上司なしで部下は判断に迷わないのか？」と聞かれる。

僕たちは、判断に迷う社員をどうすべきかについては、上司がいないことによって迷っているのではなく、彼もしくは彼女が、判断する知識や能力をまだ備えていないという事実があるだけだと思っている。

能力の高い低いというのは、背が高い低いみたいなもので、個体差なので、それ自体にいいも悪いもないと思っている。

それでも僕たちがどのように意思決定や判断をするかというと、

❶わかる人に相談する
❷わからない人が無理に判断しない

というふたつにつきると考えている。
上司という固定化された役割は必要ないと思っている。

◆みんなで話し合う時間

ホラクラシーにおいて組織の一体化を目指すには、何よりもプロセスを共有することが大切だと感じている。

つまり「一緒に考える」ということ。

ただ、やみくもに会議を増やすということではない。

僕たちが過去に失敗しておおいに反省したことのひとつに、

「なんでもかんでも話し合ってしまう」

ということがあった。

その事案にあんまり関係のない人まで呼んで会議をしたり、ひとりふたりで決められることなのにわざわざ10人呼んで会議してしまうなど。

また定量的なデータや事実がない状態で、お互いの主観だけで話し合うと永遠に平行線になってしまう場合もあって、「朝まで会議」が横行していたというひどい時期もあった。

話し合いを「会議」というオフィシャルな場以外でおこなうことがとても重要だと思っている。

日常的なコミュニケーションの中で話し合いを解消してしまうという感じだ。

◆ コンテクストのかたよりをなくす

次の3つで社内のコミュニケーションがかなり活性化している印象がある。

❶チャットツールや社内SNSを活用する。
❷雑談しやすいオフィス環境を作る。
❸ブレインストーミングを多用する。

あくまで私見だが、対人間での情報流通というものは「コンテクストが強いところから弱いところに流れる」という傾向があるように思う。

「社歴が長い人のほうが低い人よりもよくしゃべる」

「年齢が高い人のほうが低い人よりもよくしゃべる」

「能力が高い人のほうがよくしゃべる」

「肩書きが上の人のほうが下の人よりもよくしゃべる」

この「コンテクストのかたより」がコミュニケーションの全体性を阻害すると考えると、

「上司部下関係がない」

「肩書きは自由」

「給料は相場で決める」

など、立場をフラットにする制度がそのコンテクストをなくすのに機能していると思っている。

◆「給与を完全にオープン」には弊害はない？

もうひとつ組織が大きく変わるのは給与をオープンにすることだ。

給与が開示されると、不当な報酬や給与格差のゆがみなどがすべてあらわになってしまう。

もしその差を正当に説明できない場合には、報酬額自体にテコ入れをしないといけなくなる。

それをすると正当に成果を上げて顧客や仲間や会社に貢献している人の報酬が自然と上がっていく。

社内政治や上司へのゴマすり、個別交渉による駆け引きなどが入り込む余地がいっさいなくなるので、とにかく社内の風通しがよくなる。

一生懸命働いていても、経営者に不当に搾取されているとか、どうせがんばっても上司に手柄も報酬も持っていかれるというような感覚はなくなる。

事実、そうだ。

給与をオープンにするということは人事権を手放すということと同じ。

一般的な組織では、人事権という権力はものすごい力を持っている。

いわば生殺与奪権《せいさつよだつけん》のようなもの。

生殺与奪権とは、相手を殺すも、生かすも思いのままにできる状態、またその権利のことだ。

この脅威から解放されることでしか、社内における心理的安心は得られない。

◆メンバー間の信頼関係は必要？

そもそも信頼関係とは何だろう。

僕はいまだによくわからない。

僕たちの今までの経験から、信頼というものは仕事や何かの共同作業を通じて、結果として残るものであって、最初に作ろうとして作るものではないし、ましてや作れないものだ。

「いい会社を作ろう！」

「お客様にいいサービスを提供しよう！」

という考えに反対する人は、おそらく皆無だと思う。

でも実際の仕事の中では、それができなくなってしまう場合がある。

仕事の中で信頼関係が維持できなくなってしまう場合は、その人の能力と業務にミスマッチが起きているときだと思っている。

それを解消させるように、いろいろ改善をしていくけれど、その際に結構多いのが、そもそもその人がその仕事に適していないので業務からはずれる、もしくは会社自体をやめてしまうというケースだ。

なので、うちの会社に残っている人や、いまだにつながりがある人たちの間には強い信頼関係があると思っている。

あくまで結果としてだが……。

◆ホラクラシーの導入に向かない会社

本書は、ホラクラシーをすべての組織にすすめているわけではない。

ホラクラシーのような生物的組織において、もっとも邪魔というか障害になるのは経営者のエゴだと思っている。


「自分の思うとおりに社員を動かしたい」

「マーケットシェアを拡げたい」

「利益率をいつまでに何パーセント上げたい」

という考えはエゴである場合が多いと思っている。


非管理型経営では、コントロールや結果に対する執着を手放していくことが不可欠だと思うので、組織内で既得権益をなくさないとうまくはいかない。

稲盛和夫さんがよく「私心なかりしか」と言っているが、私心が強いとホラクラシー的な組織にならないと思う。

そういった考えをもつ組織が悪いということではなく、ホラクラシーには向かないというだけの話だ。

僕自身もまだまだ自己研鑽中だが、むしろ人間から私心や煩悩をなくすのは不可能だとも思っているので、僕たちはエゴが暴走しないしくみづくりを心がけている。

◆ホラクラシーを理解するためのおすすめ書籍

コーチングやコミュニケーション・トレーニングなどの、関係性を円滑にするようなソフトスキルについてはここでは省く。なぜならホラクラシーとは組織構造の話なので、あくまでも構造設計がきちんとなされているかが重要であると思うからだ。

ただ、具体的な制度設計やオペレーションなどに触れている書籍は世界中を見てもないので、あくまでイメージを固める参考書籍をピックアップしてみた。

・リカルド・セムラー著『奇跡の経営』（総合法令出版刊）
・ゲイリー・ハメル著『経営の未来』（日本経済新聞社刊）
・天外伺朗著『非常識経営の夜明け』（講談社刊）
・天外伺朗著『未来工業　山田昭男のリーダー学』（講談社刊）
・福岡正信著『わら一本の革命』（春秋社刊）
・木村秋則著『リンゴが教えてくれたこと』（日本経済新聞社刊）
・長谷川英祐著『働かないアリに意義がある』（KADOKAWA刊）
・L・J・ピーター著『ピーターの法則』（ダイヤモンド社刊）
・石塚しのぶ著『ザッポスの奇跡』（廣済堂出版刊）
・イヴォン・シュイナード著『社員をサーフィンに行かせよう』（ダイヤモンド社刊）
・エイドリアン・ベジャン著『流れとかたち―万物のデザインを決める新た

な物理法則』（紀伊國屋書店刊）
・甲野善紀、光岡英稔著『武学探究－その真を求めて』（冬弓舎刊）
・斎藤公子著『生物の進化に学ぶ乳幼児期の子育て』（かもがわ出版刊）

アメリカのブライアン・ロバートソンの著書『ホラクラシー』は、あえて参考図書としてあげなかった。

僕たちが取り組むホラクラシーは、前述のとおり、構造体としての設計だが、ブライアンがこの本で述べているのは、会議やプロジェクトの運営メソッドのようなソフトスキルに該当すると思ったからだ。

理想の組織像についてはおそらく一致していると思うが、構造体としての参考にはならないと判断した。

◆参考になった国内のホラクラシー型企業

新しい経営スタイルを実践している企業は、世界中調べたが、日本にもかなり参考になる例が多いと感じた。

その中でも単純に「いい会社」ではなくて、非管理型の経営を実践していて、社内に自然の摂理的な自浄作用が働いている企業がいくつかあった。

それが「未来工業」と「メガネ21」だ。

もちろんほかにもそのような会社は存在すると思うが、右記2社は書籍やホームページから具体的な取り組みや考え方の深いところまで知ることができたので、僕たちも参考にさせてもらった。

未来工業創業者の故山田昭男氏の経営手法は、ものすごく天然の非管理型だと思う。

権力というものを完全に手放している印象だ。

「報告連絡相談はしなくていい」

という彼の発言は、一見とても過激なものに移るが、本質として、

「上司が命令をするから、報告や連絡が必要になる。命令をなくせば必然的に報告連絡相談は不必要になる」

という理論がある。

山田さんがそれを意識していたかどうかは別としてだ。

山田さんの本当の発言は、

「ホウレンソウなんてポパイに食わせちまえ！」

なのだ。

次は平本清氏が創業した広島の「メガネ21」だ。

もっと踏み込んだ経営をされている。

会社に利益を残さずにすべて分配してしまうという取り組みなどは、究極に近い経営の民主化だと思う。

給料などの社内情報をすべて公開してしまう点などは、ホラクラシーそのものだと思う。

ここで両社の経営を説明しきることはできない。

興味のある人は書籍やホームページをごらんいただくことをおすすめする。

◆ホラクラシー型経営に向いている企業は？

では、ホラクラシー型経営に向いているのはどんな企業だろうか？

IT業界のような、時間や場所に比較的制約がなく、なおかつ情報化しやすい業種は、ホラクラシー化しやすいように思う。

それは一長一短あると思う。

基本的にはすべての業種業態で可能だと思っている。

ただ、いろいろな非管理型企業を研究してみたが、すべての業種業態にホラクラシーを適用させるには「相場」で決める報酬システムが必要不可欠ということもわかってきた。

ほとんどすべての企業において、報酬システムというものはよくも悪くもビジネスモデルに最適化してしまっている。

つまり固定化されていると言えるので、ビジネスモデルという大枠だけでなく、収益構造や顧客層が変わるだけでも報酬システムの見直しが必要になってしまう。

ましてや新規事業の立ち上げや経営の多角化、イノベーティブな事業創出などに足を踏み入れると、既存の報酬システムはまったく機能しなくなってしまう。

報酬システムが機能しないというのはどういうことかというと、優秀な人材に適切な報酬を支払えなくなる、もしくは、適していない人材に不必要に高額な報酬を支払ってしまうということだ。

これでは優秀な人材ほど新たな領域に踏み出しにくい環境になってしまう。

本来は新規事業のような難易度の高いものにこそ優秀な人材がアサインされるべきだ。

今のところの僕の結論からいくと、「相場」による報酬の分配システムはもっとも汎用性の高い報酬制度だと思う。

そして、それを社内に作り上げないことには、ホラクラシーが本来持つ無限の自然の力を活用しきれないと思う。

◆新卒を採用しても大丈夫?

ホラクラシー組織で働くうえで、ホラクラシーやその他の組織論などの専門的な知識を学ぶ必要はない。

仲間、チーム、組織、顧客と対話をするスキル・知識は必須といえるかもしれないが、これも座学的に学べるものではないと感じている。

学んだ人しか組織にいられないというのは、組織という土台として、あまりにも脆弱だと思っている。

つまり、組織が個人の知識や能力に依存している状態ともいえる。

専門的な知識がなくても僕たちと居続けられる人は、世の中に価値を生み出している人だと思う。

自然とその方向にととのっていくような制度設計になっている。

◆みんなやっぱりお金の話が好きだ

質問しやすいといことと、一般的な組織論からもっともかけ離れているという理由から、やはり「報酬体系、給与制度、人事評価」の具体的なシステムに関する質問が多い印象だ。

「上司がいないのにどうやって給料を決めるのですか？」

「相場で決めるってどういうことですか？」

「『私は月給１００万円ほしい！』とか言う人が出てきませんか？」

「成果報酬なんですか?」

「利益の分配はどうしているのですか?」

一つひとつに個別に答えることも可能だが、報酬の分配はいろいろなものと緻密にからみ合っているので、個別解決はできず、ととのえると全部がいっぺんに解決するという感覚だ。

だからこそ説明が難しい。

そもそもすべての営利組織は、「資本市場」「競争市場」「労働市場」という3つの市場にさらされている。

それぞれの中で市場のニーズに応えるものは支持され、そうでないものは自然と淘汰される。

僕はこの中で労働市場にもっともゆがみがあると考えている。

なぜなら、労働者自身が労働市場にさらされるのは就職・転職活動をおこなっている一瞬しかないからだ。

企業の内部においては、内部のメカニズムが働くので、労働者は企業の報酬形態に最適化してしまう。

しかし本来は、労働市場における価値を高めることこそが「キャリア」と呼ばれるものであると思っている。

僕たちは社内にいながらもすべての人が労働市場にさらされる。とてもシビアではあるが、それこそがフェアネスの追求につながっていると思っている。

◆ホラクラシー型組織で活躍できる人の特徴

こういった経営を続けてきた結果として感じるのは、自分自身を実力以上によく見せようとしたり、能力以上の対価を得ようとするというような行動をとる人は、自然と組織を離れていく傾向が強いということ。

伝え方が難しいのだが、生き物が不要なものを排出するように、自然と吐き出されてしまう。

吐き出された人が悪いというわけではなく、ただそのときに会社が求めているものとその人の能力が合わなくなってきたというだけの話だ。

僕たちの会社で長い間活躍している人は、等身大・自然体で仕事をしている印象がある。

無理に背伸びはしないというか、でももちろんがんばるよ、というような人だ。

◆僕がホラクラシー型組織で特に大事にしていること

いわゆる社内政治とか派閥争いとか最近だと忖度《そんたく》などはすべて、組織内部における「コンフリクト」であり、本来はまったく不必要なものだと思っている。

これを個別に解決するのではなく解消する（そもそも問題自体をなくしてしまう）のがホラクラシーという組織構造だ。

これをふまえて僕が意識しているのは、

「自分の考えていることは本当に自分以外のすべてのためなのか？」

と問い続けることだ。

組織の制度などをチューニングする際にも、

「誰か特定の個人のためのしくみになってしまっていないか？」

と問うことを大事にしている。

◆ホラクラシー型組織数は今後増える?

事実、最近立ち上がっているスタートアップなどで規模が急拡大していない組織は、実態としてかなりホラクラシー的だと思っている。

透明性が高い組織のほうがいいに決まっている。

副業OK、時短、リモートワーク、週4、デュアルワーク、コアワーキングなど、働き方の文脈では話題に事欠かないが、ホラクラシーはすべてを包括しているとも言えるので、方向性に間違いはないと思う。

増えていくにしても、なぜ急激にと思う人もいるかと思う。

ホラクラシーはネットワーク型組織だ。

ネットワークをつなぐ技術やサービスがとんでもない速さで発達してきているからだ。

ＩｏＴ、ブロックチェーン、仮想通貨、ＩＣＯ、ＳＮＳ、チャットツール、すべてが、人間、モノを問わず、個々間の関係性をリデザインしていると言える。

ホラクラシーもそうだ。

ホラクラシーとブロックチェーンやＩＣＯやＳＮＳなどはとても相性がいい。

これらがこれからもっともっと相乗的にからみ合って共進化していくと思う。

もうひとつ急激に増えるであろう要因としては、具体的な組織設計などについて、うちの会社がコンサルティング事業を開始したという点もあげられる。

第3章

自然界に学ぶ組織づくり

❖ 導入したけれど今は廃止したあの制度・あの取り組み

僕たちの経営手法に、お手本や決められたメソッドはなかった。

本章では、数あるマネジメント手法の中でなぜこのやり方に落ち着いたかを知ってもらうために、僕が大切にしてきた「自然界から学ぶ」ということについてシェアしていきたい。

本題に入る前に、まず頭に浮かぶ過去の取り組みを羅列して、やめてしまった理由を以下に簡単に説明する。

❶ 給料を自分で決める「自己申告制」

自己申告を加味するとプレゼンテーションがうまい人の給料が上がってしまい、社内の給料相場が乱れてしまうという現象が生まれてしまう。
市場の原理を研究した結果、自己申告（自己評価）をいっさい排除した。

❷ 個人の目標を決めて自分で管理する「目標管理シート」

7年間ぐらい試行錯誤して継続させたが、目標設定が得意な人、不得意な人、書いても目標達成できない人、書かなくてもものすごい成果をあげる人、そもそも目標が正しいのか、目標に意味があるのかなどと掘り下げた結果、不要だということになり、いっさいやめた。

何ひとつ困ることはなかった。

❸ 社内取引をする「アメーバ経営」

売上げを部署間で分配するアメーバ経営を導入した。

アメーバ経営の原則の中にある「一対一対応」や「ガラス張り経営」などの原則はいまだに残っているが、プロフィット業務・ノンプロフィット業務にわける、部署間で社内取引をするという側面は、ホラクラシーを阻害してしまった。ホラクラシーは全体性そのものなので、区別してわけるという取り組みが合わないのだ。

もちろん収益・支出などを細かく把握すること自体は絶対に必要といえる。

❹ 自分の成果を細かく管理する「個人P／L」

数字管理を細分化する取り組みとして個人のP／Lまで落とし込もうとした。

これと給与も多少連携させて……。

現実的に個人のP／Lを把握するのは不可能なのと、アメーバ経営と一緒で社内取引が発生するので、取り分の奪い合いが生まれてしまった。

社内で奪い合っても意味がないと思いやめた。

❺ 毎日価値観について深め合う「クレドミーティング」

僕たちには明文化された理念がないが、仕事そのものが理念であると考えているので、その価値観を共有して深め合うために、毎日のようにクレドミーティングを実施していた。

期間は6年間くらい。

でも、いくらこういう時間をとってもお客様のためになっていないと気づきやめてしまった。

これはビジネスモデルにもよると思う。ホスピタリティがビジネスのコアコンピタンスである場合には、このようなしくみは強力にプラスに働くと思う。

しかし、僕たちのビジネスモデルは、かなり専門的なビジネスソリューションなので、それを強化するものを制度化するほうがお客様のためになると気がついた。

❻ 自分の夢をプレゼンテーションする「夢プレ」

自分を仲間に知ってもらうための夢プレも6年くらい続けた。

基本的にこういった取り組みはおもしろいが、でも意味がないと感じてやめてしまった。

営利組織は、仕事を通じた関係性なので、パーソナルな部分を理解し合う前に、お互いの仕事をリスペクトできるほうがよっぽど重要だと考えるに至った。

❼ 360度評価を毎週繰り返す「社内NPS」

NPSとはネットプロモータースコアの略で、商品やサービスを知人に紹介したいと思うかどうか、という1軸だけで、0から10の11段階で評価するという満足度の評価手法。

これをメンバー同士で互いに評価し合うことを半年くらいやった。

しかも毎週！

でもこれは大失敗。

やればやるほど人間関係が明らかに悪くなっていった。

そこで気づいたのは、誰かに評価されるのはすごくストレスフルな行為であるということ。

評価というしくみが生まれると、意識的にいい評価をされるための行動を取ろうとしてしまうのが人間。

でもそういう最適化はとても局所的だ。

「評価をする」という行為自体が会社に不必要なのだと気がついて、給料を相場で決めるシステムを作り上げた。

なので僕たちには人を評価をするというシステムはない。

❽ 僕と毎月一対一面談をする「タオ会」

これも6年くらい続けた。

それも、毎月！

でもやめてしまった。

これは完全に僕の自己満足だった。

深く理解し合うという名目で、ひとり30分～1時間ずつくらい時間を取って腹を割って話し合っていた。

僕からもアドバイスをしたり。

でも僕のアドバイスの精度も合わず、コーチングを勉強したりいろいろ試してみたが、結局会社ができることは環境の整備だけ、人間を変えるというのはおこがましいなと思うようになり、キッパリやめた。

❾ 毎週開催する定例の「経営会議」

毎週KPIや全社の進捗を確認するための経営会議をおこなっていた時期があった。

でも情報の共有も意思決定も自由にやっているので不必要になってやめてしまった。

今では、経営会議のような選ばれた者だけの固定化された会議は百害あって一利なしだと感じている。

選民意識が生まれかねないというか、経営会議のような会議が固定化されてしまうと、やっぱりそこに権力が生まれてしまう。

ホラクラシーの大敵は権力なので経営会議をやめてしまった。

でもどうにか会社は存続している。

ほかにもいろいろな制度が出ては消えていったが、細かいものをあげるとキリがない。

現在の制度に生きている教訓的なものだけをピックアップしてみた。

◆なぜ企業は自然界から学ぶべきなのか？

自然界は巨大なエコシステム。

大きな目で見ると完璧なまでに合理的であり、持続的だ。

非管理型経営であるホラクラシー型組織はなぜ管理やコントロールをしなくても機能するのか。

自然界に答えがあり、ここには自然の摂理がある。

それはエコシステムそのものであり強力な自浄作用を持っている。

そして自浄作用を会社の中に持ち込むしくみがホラクラシーであるといえる。

だからホラクラシーは自然の摂理から学ぶというよりも、それ自体を人工的にととのえ、体現していくという感じが近いと思う。

人間が科学的に理解・解明しきれていないものはたくさんある。

一説には人間が科学的に理解しているものは、宇宙の4パーセント程度にすぎないといわれている。

だから科学的に証明されたものだけを信じるのではなく、自然界の現象や生物・植物の営みから学ぶことは合理的だとも思う。

特に僕たちは植物、農業、人体、アリ・ハチなどの社会性生物などからヒントを得て、社内の制度設計に活用している。

◆「足す」よりも「引く」こと

日本は2010年ごろから人口減少に転じている。

GDPは人口と強い相関関係にあり、人口が減れば、経済はデフレに入らざるを得ない。

そしてＩＴの発展と比例して、業務の圧倒的な効率化・自動化がある。

シェアリング経済、ＣｔｏＣ経済などの流通の最適化も起こってきている。

大きくあることと価値が比例しなくなってきた。

そしてこれからの企業は拡大していくことよりも、ムダをなくし、ミニマムに最適化していくこと。

それが重要だといえるのは、社会環境が変化しているからだ。

マネジメントの本質は「引く」ことだと思っている。

いい会社、いいマネジメントほど、ムダなことをやらない。

ムダなものを持たないということを徹底している。

◆◆ これからの時代に生き残る企業

変化に柔軟に対応できる企業であるか否か、情報を積極的発信している企業か否かなど、そもそも何を持って「これからの時代」と定義するのかということだと思うが、個人的にはこれからの時代は、

「予測不可能的」であり、

「情報化された世界」であり、

「統合に向かう世界」である、
と思っている。

ダーウィンの進化論では「環境や変化に適応した生物が生き残る」といわれている。

それはまぎれもない真実というか、それ以外にないと思う。

だから変化に対応できる感度や柔軟性が組織に必要になるのは明らかだと思う。

また、想定外の事態が起きたときに被害を最小限におさえたり、即座に復帰に向かうようなレジリエンス（復元力）も必要になってくると思う。

レジリエンスのような力は生物学では自己組織化とも呼ばれる。

これらはいろいろなところで話題に上がっているので、誰もが頭では理解しているかと思う。

でも具体的に何をどうしたらいいのかは見えていない。

だから漠然とした不安感が残っている。

そんな状況が今の世の中、特に日本だと思う。

そのヒントになるのが、ダーウィンの進化論で説明しきれていない、もうひとつの「生物・鉱物の進化論」だ。

それは「どの方向に進化が進んでいるのか」という論点だ。

それを解明している書籍や論文では、以下のように説明されている。

「すべての生物・鉱物は、流れがより円滑に効率的に向かう方向へ進化し続けている」

情報通信技術が生まれる前のアナログな環境下においては、実はヒエラルキーという組織形態が、もっとも情報流通効率の高い組織構造だった。

自然界にも同様のツリー型構造はたくさん見られる。

猿や狼などは生存確率を高めるためにヒエラルキーを作る。

河川の支流や植物の葉脈や人間の血管は、ヒエラルキーと同じようにツリー構造だ。

しかしITの発達によって情報伝達の方法が劇的に進化した。

「より円滑で効率的」な方向にだ。

この進化があるからこそ、ホラクラシーが存在し得るのだと思っている。

第4章

ホラクラシー導入のために必要なステップ

❖ 公開・共有は必須

ホラクラシー導入のための大前提として「営業成果」や「会計」といった数字、「プロセス」というデータ、「レイバー」という労働時間など会社内部の金銭関係の情報の公開はすべて必須だと思う。

給与や個人の経費などにまで。

それ以外に定量化できる情報はすべてデータベース化して可視化すべきだと思っている。

頭脳労働が主体のＩＴ産業では労働時間と成果に強い相関関係がないので、レイバーデータの可視化は、必要性としては製造業などの比較的実態労働に近い産業と比べると低いと思う。

僕たちもどこまでのデータを可視化するかは、永遠の議題だ。

分析をして改善ができる活動はデータ化して公開すべきだし、分析をしてもあまり意味のない活動はデータ化しても得られるものが少ないので、しなくてもいいと思う。

その線引は「過ぎたるはなお及ばざるがごとし」的なものだと思うので、あくまで「最大のパフォーマンスを発揮する」というアウトプットにつながっているかどうかが基準だと思う。

定性的な情報の公開やデータベース化については、チャットツール、社内SNS、社内Wikiのようなツールを活用することが必須だと思う。

チャットツール上でのオープンな議論は、企業の透明性そのものだ。会議もチャットツール上で展開すれば、参加していなかった人も簡単にオブザーブすることができる。

もしかすると、定量的な情報よりもコミュニケーションの透明性のほうがホラクラシーには重要かもしれない。

◆ホラクラシー導入のために必要なステップ

ホラクラシーは別の言葉で言うと「複雑系」と呼ばれるが、複雑系は立体構造なので、構成要素を単純化してリスト化することができない。

でも時間軸で説明することができる。

僕がフレームワーク化したホラクラシー化のステップは超シンプルで、たったの3ステップ。

この3ステップで、業種・業態、規模、営利非営利を問わず、すべての組織をホラクラシー化させることが可能だ。

❶ 情報の透明化（情報インフラの整備）

❷ 役割の流動化（固定化された役割や権力、既得権益をなくす）

❸ 場の力のマネジメント（相場の報酬システム、ファシリテーションによる会議など）

企業規模やフェーズによって、全体に行きわたらせるための期間には差が出ると思うが、理論上はどんな規模の組織にも当てはめることができる。

規模が大きい組織ほど相場が機能するので安定感が生まれると思うが、ホラクラシーは全体性という意味なので、不必要に大きすぎる組織は分裂したほうがいい場合もあると思う。

自然の摂理とは必然性のことでもあるので、必然性がなければ企業規模を大きくしないほうがいいし、逆に必然性があれば大きくくくったほうがよいと思う。

◆ホラクラシーは世の中に拡がっていくのか？

組織内部の情報の透明性が高まると、組織は自然とホラクラシー化していくので、長期的にはすべての組織に自然とホラクラシーに変容していってほしいと考えている。

ただ、順序としては民間企業やヴォランタリーな組織から始まっていくと思っている。

民間企業でも、規模が大きくてレガシーな企業では全体に浸透させるのが大変だと思う。

やはり、企業規模が小さいベンチャー・スタートアップのほうが取り組みやすいかもしれない。

中小企業での世代交代を機に、ホラクラシー化を進めるという事例も出てきそうな気もする。

そもそもホラクラシーはＩＴを活用しないと実現できないので、ＩＴリテラシーの高いところから進むと思っている。

逆に、だからこそ飲食業界やホテル業界のようなサービス業界に拡まったら、どれだけインパクトがあるのか見てみたい。


究極は政治のしくみをホラクラシー的に変容していってほしいと思っている。政治の話はセンシティブではあるが、個人的には政治家の適性や能力や倫理観の話ではなくて、政治のしくみそのものに言及していきたい。

政治のしくみとは、つまるところ意思決定のしくみの話であり、また、政治家を選任する選挙は多数決での役職決定方法なので、このあたりに僕たち流のホラクラシーのエッセンスを導入したら、どんな形になるのだろうかと思っている。

それから国家や自治体などを、公共財や富の格差に対する資源の再分配のシステムと考えると、もっと効率的な再分配システムは、ホラクラシー的にデザインできると思っている。

たとえばクラウドファンディングのような形での納税などだ。

細かなところは僕は知識不足ゆえ専門家に任せたいが、情報の透明性を担保して、多数決の意思決定方法を止めれば、組織や共同体は自然とホラクラシー化していくだろう。

◆◆ 自然体で赤字に転落してしまったら

この問いに対する考え方として2つの側面から説明できそうな気がする。

ひとつには、自然体でいるということは「不要になったら、なくなってしまったほうがいい」という究極的な考え方。

自然の摂理の一部として、事業自体に社会的必要がなくなったとすれば、無理に事業を生き長らえさせる必要もないと思っている。

公的事業と違って、民間の株式会社のいいところは、会社を清算できることだともいわれている。

事業を通じて社会貢献する者として考えることは「どうすれば世のため、社会のためになるか」ということだけなのではないのだろうか。

もうひとつの考え方は、「ホラクラシーの世界観には『競争』という概念がなく、『適切なすみわけ』しか存在しない」というものだ。

競合他社を出し抜きたい、マーケットを寡占したいというような考え方は、そもそも顧客や市場、社会にはまったく関係のないものだ。

そういう感覚をもって事業を無理なく、あるべき姿に育てていけば、社会的に事業が不必要になってしまうような事態も、そうそう起きないように思う。

天変地異のような事態が起きたら、もうそれは事業、会社の利益、個人の利益などの話ではなく、みんなで地球を守ろうよという結論に強制的に至るのではないだろうか。

◆トップダウン的なコミュニケーションも時として許容する

僕たちの内部での話だが、上司部下のような「会社が公式に与えた権力」というものがないので、その都度適切な人がリーダーシップを発揮するし、発揮しないときもある。

その中でも緊急度の高い状況では、判断できる人が独断的に意思決定をし、スピードを最優先し、対応する場合もあると思う。

実際僕たちの中でもある。

サーバーのトラブルなど、インフラ系のトラブルは緊急度が高いものだ。

ホラクラシーだから統率を取ってはいけないというわけではない。

能力や経験値の差によって、トップダウン的に「とりあえず、これ、やってみてよ」というような関わり合いもあると思う。

重要なのは必要性・必然性であって、それが実体のともなわない権力や既得権益、立場の違いなどから生まれないということだと思っている。

◆数字や予算に対する考え方

労働分配率、人件費比率は集計できるようにすべてデータベース化されている。

現在の会社の状態を客観的に把握するために数字を見ることはある。

しかし目安や目標は定めてはいない。

売上げや支出全体に対する人件費比率は、僕たちもまだまだ三〇名程度の小さな会社なので、小まめに見ている。

しかしそれ自体が直接的に意思決定に関わることはほとんどないと思う。

なぜ「思う」かと言うと、僕が採用にまったく関与していないのでわからないのだ。

すべての数字には背景がある。

悪い黒字もあれば、いい赤字もある。

いい支出もあれば、悪い売上げもある。

僕たちは意思決定が本質からブレないようにするために、あえてすべての数値的な目標を持ってはいない。

しかしリアルタイムにかなり細かく把握している。

だから、破綻することもないし、業界の標準的な人件費比率なども ある程度は把握している。

価値があるかどうか、これだけが僕たちにとって重要なことで、価値のあるお金は高くても払うし、価値のないお金は1円でも使いたくない。

その基準は金額の多寡ではなく、あくまで「価値」にあると思う。

◆ホラクラシー組織における意思決定のプロセス

僕たちは、意思決定というプロセスが分散化しているので、いつどこでどのような意思決定がなされたのかがわかりにくくなっている。

前提として客観的情報をしっかりと集めて情報の分析、そして決定を下すという傾向はある。

主観で判断しないというような感じだ。

それでももちろん事業の展開やオフィスの移転など、影響の大きな決定事項はあるので、そういうときにはとにかくブレストを用いた会議を頻繁におこなう。

方向性をそろえてお互いの思考を一体化させると、二極対立のような構造はほとんど生まれない。

それでも両極の意見が存在する場合には、リスクやコストがなければ、とりあえずやってみるし、大きな代償をともなう場合には決定自体を延ばしてほったらかしにする。

また状況によっては、意思決定できる人が独断的に最終判断する場合もある。

だから決まったルールやパターンはない。

多数決による意思決定は特に重要な場面においては絶対にしないことは決めている。

第1章で述べたとおり、多数決はマジョリティを取ってマイノリティを捨てる意思決定方法だ。

しかしながら、リーダーシップとは常にマイノリティなので、組織内で多数決の意思決定を繰り返すと、組織からリーダーシップが失われていってしまう。

そうすると「社内政治」「派閥争い」「ルール第一主義」のように組織が官僚化し腐敗していってしまう。

◆◆ 新しいメンバーが入ったとき

僕たちの働き方は、確かに少々特殊ではあると思う。

上司がいないし、
教育もないし、
キャリアパスもない。
あるのは「自然の摂理」という漠然とした方向性のみだ。

実際過去には、中途で入社したメンバーが働き方に慣れることができずに1カ月で再転職をしたケースもある。

僕たちは「ほかの企業に移ってしまうこと」を悪いこととはとらえていない。
1カ月で転職してしまうとか、10年勤めた人が転職してしまうとか、長く勤めることが善と決めつけず、こだわらず、あくまで自然に任せてやっている。

それでもやっぱり、働いてみる前と後でのイメージのギャップを少しでも減らす努力は必要だと思う。

また、入社時の不安などはできるだけ減らしていきたい。

そこでおもに新しく入ったメンバー向けのガイドとして「ダイヤモンドメディアサバイバルジャーニーガイド」という資料を作っている。

本書の巻末に、現時点での「サバイバルジャーニーガイド」を載せたのでよかったら参考にしてほしい。


プロローグには以下のように記している。


「ダイヤモンドメディアで楽しく生産的に働くためには、私たちが目指す自然の摂理に則った労働環境を理解することが必要になります。

この労働環境は、ダイヤモンドメディアやダイヤモンドメディアで働く人があなたに強いるものではありません。

自然界に存在する法則そのものです。

この自然の摂理を理解しそれに適応することで、結果として誰もが楽しく生産的に働くことができるようになることをダイヤモンドメディアは目指します。

このガイドは、新たなダイヤモンドメディアメンバーが迷いや不安に直面したときに、多少の道標や心の拠り所になることを目的として作成されました。

地に足を着け、自らの人生を自らの足で歩いてゆくことをディープグラウンディングと言います。

社内において自分がもっとも貢献できる領域を、仲間との相談を重ねながら模索するプロセスのことを、ここではサバイバルジャーニーと呼びます。

そしてサバイバルジャーニーを健全に体験するためのガイドラインが、この「サバイバルジャーニーガイド」です。

サバイバルジャーニーは自然の法則そのものですので、ときに楽しくときに厳しく、そのときどきで姿を変えるでしょう。

しかし、いい面も悪い面も含めたすべてがあなたの人生であり、サバイバルジャーニーはそんな人生の縮図とも言えます。

そのプロセスにおいて重要なことは、サバイバルジャーニーを通じて、あなたがあなたらしく輝く術を見つけ、自らの人生を自らの足で歩むことです。

あなたの旅路が光り輝くことを心から祈っています。」

◆◆社員がホラクラシーを理解するために

社員にホラクラシーを理解してもらうためにおこなっている取り組みなどは特にない。

関与するすべての人が、知識として理解しないと機能しないシステムや組織構造は、そもそも意味がないと思うからだ。

ましてや僕たちの顧客にとっては、僕たちの社内システムや組織構造は関係ない。

顧客が求めるのは「いいサービス、いいプロダクト、いい顧客体験」だ。

逆説的には、それだけを追求できるようになっているのがホラクラシーだとも言える。

顧客に無関係な社内政治や内部の力学をいっさい排除しているのだ。

僕たちと働くことによってホラクラシーを体感し、知識だけでなく経験知を獲得し、身体的にも理解できるようになると思っている。

結果「実体験」というものが社内にはあふれている。

「給料を話し合って決める」

「上司部下がない」

「社長役員を選挙と話し合いで決める」
「社内の情報がすべてオープン」

あえて言うなら、こういった僕たちの取り組みすべてが、ホラクラシーの理解を深めるためのプロセスであり、経験であると思っている。

第5章

今、僕たちが手がけていること

◆「不動産テック」というビジネス領域

ここまで、僕らが手がけてきたホラクラシー経営についてお伝えしてきたが、管理しない手法で企業を経営していると言うと、

「いったいどんなビジネスをやっている会社なんだ」

という疑問が湧くと思う。

第1章ではかなり、ざっくりとしか書かなかったので、本章では僕らの本業について、あえて丁寧に伝えようと思う。

ホラクラシー経営で大切にしてきたエッセンスは事業にも反映してきたつもりだから、不動産業界と日頃関わりのない人にとっては直接的には関係ないことかもしれないけれど、何かを感じ取ってもらえるかもしれない。

もちろん読み飛ばしてもらってもいいのだけれど、せっかくなので、

「自分のいる業界で考えるとしたらどんなビジネスになるかな？」

と、そんな視点で読み進めてもらえたらと思う。

僕たちは、「不動産テック業界」という少し特殊な業界にいる。

手始めは不動産業界に特化したウェブマーケティングソリューションだ。

これは「ダイヤモンドテール」というサービスで、ひとことで言うと、「不動産会社のウェブ集客とマーケティングを支援するホームページパッケージサービス」だ。

ありがたいことに導入実績は累計で２００社を超え、名だたる企業のウェブマーケティングのお手伝いをさせてもらうまでになった。

不動産業界でも、単にホームページを作るだけの、薄利多売なサービスを提供する会社はたくさんある。

でも、僕たちがサービスを開始した当時、難しい課題解決や、高度なマーケティングを組み込んだウェブ戦略を作ることができる会社は数える程度だった。

だからそこに関しては業界内でかなりの知名度を得られたと思う。

このサービスを丁寧につくりこんでいったことがきっかけで、不動産業界でのビジネス展開を加速することができた。

◆業務と組織改革は一致する

個人的には僕たちが、不動産テックの領域でやっていることは、会社の組織をととのえる取り組みとまったく一緒だと思っている。

「情報の格差」をなくすということが組織全体を健全にしていくのと同じように、不動産業界全体も健全にしていくはずだ。

自分たちの組織づくりの方針とビジネスモデルに一貫性があるからこそ、僕たちのビジネスモデルは間違いがないと思えるし、こういう経営をしている僕たちだからこそ、業界内のほかの会社が気づけないところに気がつくことができるのではないかという自負もある。

業界初のシステムが持つ可能性

「情報の流通」の重要性が高く、IT化の可能性が大きいのが不動産業界。

「ダイヤモンドテール」に続き、「Centrl LMS（セントラル エルエムエス）」、「Owner Box（オーナーボックス）」など、さらに不動産業界の深部に踏み込んだサービスに乗り出したきっかけは参考になると思う。

ここからは、この2つのサービスを開発した背景について述べていこう。

「ダイヤモンドテール」を展開したことで、ひとつの業界や事業を深掘りするおもしろさをすごく感じた。

不動産業界は、大きくわけると「不動産建設業界」と「不動産流通業界」の2つからなり、合わせて40兆円といわれる巨大なマーケットを形成している。

その中でも流通業界は、ITが活きる場面が非常に大きい。

たとえば消費財の場合、メーカーがいて、卸業者がいて、2次卸がいて、小売店舗がいて、一般消費者に届くという流通構造だが、不動産も同じように、不動産の所有者がいて、管理会社がいて、仲介会社がいて、メディアがあって、エンドユーザーがいるという「流通構造」がある。

小売り卸業と違う点は、不動産の場合、一つひとつの物件が固有のもので、それを複数の不動産業者が取り扱っている。そして、ひとつ契約がすんでしまえば、その物件は流通から消えるという点だ。

なおかつ、空き部屋や売出し物件の情報など「タイムリーな情報の流通」の重要度が高いので、すごくITが活きる土壌となる。

◆他社とのつきあいで見えてきた業界の課題

今まで商談などで面識のある企業も含めると３００社ぐらいの不動産会社とつきあいがあるが、わかったことは、流通の部分に不動産業界特有の課題があるということだ。

「ムダ」と言い切ってしまうと語弊があるが、特殊なものを扱っているがゆえに生まれている労力やコストがある。

たとえば管理会社は、不動産オーナーから預かった物件を仲介会社に流通させるために、いろいろなデータベースに物件情報を登録する。

自社のデータベース、流通のための「ＲＥＩＮＳ」（不動産流通標準情報システム）のようなデータベース、ポータルサイト、たとえば「ＡＴＢＢ」（不動産業務支援サイト）などのようなデータベースにも登録をする。

仲介会社は、「REINS」や「ATBB」が提供している業者間流通サイトを見ながら、今度は自分たちのデータベースに入力をし、一般消費者に情報を届ける。

ここで発生している情報の重複による情報流通のコストが、ものすごく大きい。

また、もうひとつの課題として、管理会社からは、仲介を依頼している仲介会社が何をしているのかが見えないということもある。

そのため、いろいろな営業、マーケティング活動をせざるを得ない。

管理会社は物件の流通状況がわからないから、がむしゃらに訪問営業をするし、電話もし、ファックスも送る。

でも仲介会社側からすると、そういう行為はむしろ邪魔になったりする。

FAXなんて大量に届くので、見ないでそのまま捨てていたり……。

そんなギャップから生じているムダなコストは、賃貸と売買と合わせて日本全体で6000億円ぐらいになるだろうというのが僕たちの見立てだ。

◆不動産業界の流通構造の改善をコンセプトに

僕たちはこういった問題点に着目し、新しいサービスを立ち上げていった。

不動産業界の流通構造そのものを改善していかないことには、エンドユーザーが不動産会社からよりよいサービスを受けることができない――という仮説を立て、そこから生まれたのが、「Centrl LMS」の前身である「Centrl（セントラル）」だ。

「ダイヤモンドテール」は、不動産会社という目の前のお客様の課題を解決するサービスだが、「Centrl」のコンセプトは、業界の流通構造自体を改善するというもの。

「Centrl」はうまくいったのかというと、準備に2年くらいかけ、2014年に開始したが、全然うまくいかず、開始の2年後にサービスを閉じた。

複雑な流通構造をシンプルにしようと、業者間流通と呼ばれるプラットフォームのサービスを作り、不動産会社さんに無料で使ってもらおうと、大手を含め2000社以上を集めたが、それでも軌道に乗らなかった。

でも、僕たちが解決したい問題はもちろん変わっていない。

流通のプラットフォームという立場からは変えられなかったが、そうでない立場や切り口でアプローチできないかと、形を変えて2016年末ごろにリリースしたのが、「Centrl LMS」だ。

業界初のリーシングマネジメントシステムとして、不動産管理会社が価値を享受できるようなサービスを目指して日夜改良に取り組んでいる。

「Centrl LMS」は、自分たちの予想以上に共感していただけている。

2016年11月に販売を始めたが、このサービスを通じて提供できる価値は今までにはないもので、まさにブルーオーシャンといえる領域の事業だからこそ、注目していただけている実感がある。

「Ｃｅｎｔｒｌ ＬＭＳ」は「募集業務」をマネジメントするシステムで業界で僕たちしか持ってないオンリーワンのサービスだ。

僕たちは空き物件の募集開始から契約に至るまでのプロセスを可視化した。

加えてプロセスマネジメントもできるようにするという超独特なシステムだ。

これはマニアックすぎて、たぶん僕たち以外では開発できる会社はいないだろう。

マーケットはさほど大きくはない。

顧客対象になるような不動産管理会社は日本でおそらく5〜6千社ぐらいだ。

だからここはじっくりお客様を増やしていこうかと思っている。

◆「あるべき姿」を実現する

「Ｏｗｎｅｒ Ｂｏｘ」というのは、オーナーの不動産資産管理サービスで、管理会社さんとオーナーをＩＴでつなげて、クラウド会計ともつながり確定申告までできるというサービスだ。

不動産は現物資産なのでマネジメントコストはめちゃくちゃ高い。

しかも金融資産と違って買った人の力量によって利回りが変わるという特性がある。

でもマネジメントコストが高いわりにオーナーからするとできることが少ない。

管理会社に預けているので、任せっきりとなるからだ。

本当はオーナーはもっといろいろなことをやりたい。

それにはまず、収支データを家計簿みたいにちゃんとつけていく必要がある。

オーナーは本来は投資家ではなく、「不動産賃貸経営者」であるはずで、経営者なのだから普通に管理会計や会計をやるべきだ。

しかしそういったマネジメントができないオーナーさんが圧倒的に多い。

月に1回送られてくる収支の情報などを見て数字を確認するだけ。

そして税理士に提出して終わり（おまけにその書類すらもなくしちゃうみたいなこともよくある）。

それをデジタル化したのが僕たちのサービスだ。

管理会社も助かるし、税理士さんも助かるし、オーナーも無料で使える。

それに加えて管理会社側が僕たちの「ＣｅｎｔｒｌＬＭＳ」というリーシングマネジメントシステムを使っている場合には、空室が今、どういう状況かということもオーナー自身が把握できる。

そうすると募集戦略というのが立てられる。

賃料を高めで攻めるのか競合物件があるから下げたほうがいいのかなどを、管理会社とオーナーが同じデータを見ながら、考えることができる。

賃料は収益還元法で不動産の資産価値にそのまま反映する。


たとえば賃料10万円の物件は、だいたい売値が２０００万円、もしくは２５００万円ぐらいだ。

１０００円値引きすると9万９０００円。１０００円ぐらいいいのではないか？　と思うかもしれないが、オーナーからすると資産価値が1パーセントも目減りするのである。

そうすると、彼らからすると20万円となる。

売値が20万円も減ってしまうのなら、5万円でエアコンをつけて設備投資したほうがよいのではないかという見方もできる。

オーナーが経営戦略を考え、不動産管理会社がそれを支える。

そういった本来のあるべき姿を実現するためのサービスとして「Ｏｗｎｅｒ Ｂｏｘ」を育てていきたいと考えている。

◆畑違いの人材事業をはじめた理由

今まで不動産×フィンテック×ＩＴという領域に専念して事業をおこなってきたが、人材紹介の許認可も得て、２０１８年に人材事業を開始した。

僕たちがこういった新規事業へ参入する際は「この業界がもうかりそう」「このマーケットが伸びていて熱い」など、そういう金銭的な判断基準はいっさい無視して、あくまで必然性に任せている。

ここでは、現在提供している「Ｔｏｎａｓｈｉｂａ（トナシバ）」という人材サービスを始めた理由に言及しておきたい。
これは簡単に言うと、「社員シェアリング」だ。

「隣の芝生は青く見える」ということわざがあるが、僕たちの感覚では、「青く見えるなら、とりあえず行ってみればいいじゃん?」だ。

もともと人材事業を開始する3年ほど前から、自社の事業やフェーズに合わなくなってきたメンバーを、知り合いの会社にお試し転職させてもらい、相性がよければそのまま採用してもらう、合わなければ戻ってきて、また別の会社にお試し転職するということを何度もやっていた。

透明性の高い組織を作っていると、会社や事業の変化に合わなくなってくる人材が浮きぼりになってしまう。

すべての情報が透明なので、いわゆる「ぶら下がり社員」という人たちが存在できない。

浮きぼりになってしまったメンバーをどうしようかと話し合い、このサービスの原型が生まれた。

仕事内容とメンバーのスキルとのミスマッチは、あくまでミスマッチであって、個人の責任ではないと僕たちは考えている。

なので、

「合わなくなったら、合う会社に転職したほうがいいんじゃない？」


という流れも、僕たちの中ではごく自然と発生してしまう。

そもそも日本だけでも400万事業社があるわけで、1社に固執する必要もないだろうと思っている。

そしてこの構想を懇意にしている数社に話したところ、

「おもしろそう！」

「うちも参画したい！」

と、かなり前のめりな声をいただいたので、これは想像以上に世の中に必要とされていると思い、思想に共鳴する企業が集まる場としてプラットフォームを立ち上げた。

また僕たちの中には、副業をしている正規雇用のメンバーもいる。

昨今「副業解禁」の風潮が強まっているが、一般の企業に勤める人が副業をすることは、ハードルが高いものだ。

しかも内職のような仕事ではなくて、他社の仕事を手伝うとなるとどうなるのかという心配がある。

そういったことを気軽に企業間でやってしまおうというのがこの社員シェアリングの「Tonashiba」だ。

まず他社の会議に参加してみる。

次に週1日か2日、他社の仕事をしてみる。

そして受け入れ先と本人が希望すればそのまま転職もできてしまう。

企業同士の壁をなくして、自分の持つポテンシャルを最大限に活用しながら自由に仕事ができる世の中、それが「Tonashiba」の目指す世界観。

2018年はこのプラットフォームを世に拡げていきたいと思っている。

僕は、日本に限らず世界の会社、企業のあり方というものはこれから再定義されていくだろうと思っている。

仕事をすること自体が本来は世の中への貢献のはずだ。

「株式会社」である以上、守らなければいけないルールはある。

でもギリギリのラインで、新しい取り組みをいろいろ試していき、ビジネスとしても結果を出す。

そんなふうに、自分たちのやっていることの答え合わせを今も続けている。

間違うことも多いし、やっぱりやめた、という取り組みも多い。

でも新しい法律や組織運営、自治体運営のやり方、政治の回し方など、そういったことの変化の礎になれたらいいなとも思っている。

本書を読んで、僕たちの会社が気になったら、お手紙やメールをもらうのもうれしいけど、ぜひまずはダイヤモンドメディアのFacebookページにいいね！　をしてほしい。

それが多対多のコミュニケーションだし、もしビジネスにも共感してもらえるなら僕たちのメンバーになってほしい。

謝辞

とても個人的な話ではあるが、本書の出版にあたり大変な葛藤があった。

一個人としてまだまだ未熟だとも思ったし、企業としても事業としても、本書に取り上げられている諸々の制度にしても、道半ばである思いが強かったからだ。せめて自分が納得できるような結果が伴ってからと思っていた。

しかしWAVE出版の担当編集者である小田明美さんから熱烈なオファーを何度もいただいた。僕の講演会などには幾度となく足を運んでいただいた。

その中で僕の考えも徐々に変わってきたように思う。

仮に未熟で不完全であったとしても、僕たちが10年間取り組み続けてきたモノが一つの情報として世に貢献できるのであれば、それはよろこばしいことなのではないか、と。

彼女との出会いがなければ本書は生まれなかった。

彼女には感謝してもしきれない。

そしてまた、そんな僕の背中を優しく押してくれたダイヤモンドメディア広報の青柳まさみにも改めて深く御礼申し上げたい。


本書は便宜上、私武井浩三個人の著書として記されているが、ダイヤモンドメディアの取り組みはそのすべてがダイヤモンドメディアのメンバーをはじめ、関わる方々と一緒に作ってきたものだ。

共同創業者である染谷衛と小林憲人には特に感謝を伝えたい。

僕がこのような経営スタイルを目指したいと考え始めたとき、この2人の理解なくして実践の一歩を踏み出すことはできなかった。

また創業当初から現在まで、中心的なメンバーとして会社を支え盛り立て続けてくれている岡村雅信と関戸翔太にも特別な感謝を伝えたい。

そして社内外に散らばるダイヤモンドメディアのメンバー全員に、日々なかなか言葉にはできないが、最大の感謝と尊敬の意を表したい。共感で繋がる僕たちには、未知の未来を歩んでいく力があると信じている。

ダイヤモンドメディアの取り組みや向かっている方向性は、もはや僕個人の思想からもかけ離れているように感じる。

組織という一つの生き物として人格を持ち自立している。

それがこれ以上になく頼もしく感じる一方で、少しの寂しさもある。

子離れできない親心に似たものなのかもしれない。

そんな不安定さが多分に残る僕の精神や思想に多大な影響を与えてくださった方々にも、特別な感謝を伝えたい。

面白法人カヤック代表取締役の柳澤大輔氏、AIBOやCDを開発された元ソニー上席常務の天外伺朗氏、元スターツコーポレーション専務取締役で株式会社シマーズ代表取締役の島津清彦氏、元ケーズデンキ常務取締役の大坂靖彦氏。

大変申しわけないことに個別には挙げきれないが、ダイヤモンドメディアの考えや事業に共感をしてくださり、長くおつき合いを続けて下さっている顧客企業や関係者の皆様にもこの場を借りて御礼を申し上げたい。

最後に僕の人生を支え続けてくれている家族に、心からの御礼を言いたい。

父武井敏之は、僕の社会人としての第一歩を無条件に応援してくれ、職業人としての誇りと仕事の神聖さを教えてくれた。今僕が、自分の足で自分の人生を歩んでいる実感を少なからず持てているのは、ほとんどすべて彼のおかげだと思っている。その想いは年を重ねるごとにますます深まっていく。

義父土屋義行には、このような未知のものともわからない不安定な会社経営を様々な形で支えてくれていることに心から感謝を伝えたい。彼の援助なしでは僕の人生の平穏は間違いなくあり得なかった。

そして妻の華奈、娘の紗羅、息子の泰楽。

この3人のおかげで僕の人生は、良いときもつらいときもすべてひっくるめてドラマチックで素敵なものになった。

多忙な時期には不便を強いているかもしれないが、それでも家庭を守り続けてくれている妻にはこれからも頭が上がらないだろう。

ときにはけんかもするだろうけれど、これからも僕のこんな生き方を近くで支えてもらいたい。

◆◆ 付録 ◆◆

ほんものの自由の下で働くということ

サバイバルジャーニーガイド

1　情報の透明性を何よりも重視します

私たちが目指す組織づくりを実現させるために、大前提として必要なのは情報の透明性です。

社内の定量的データと定性的データを可能な限りデータベース化し可視化させています。

情報の透明性は組織の健全性そのものです。

健全で公平な状況を作ることで、全員が働きやすい環境をととのえるようにしています。

情報を可視化することが難しい場合でも、情報へのアクセス権限であるアクセシビリティを担保することで公平性を保つことはできます。

定量的データは「結果」「プロセス」「レイバー」の3階層で管理することで、会社全体がデータでつながり一体化するのです。

2　組織図はありません

ビジネスモデルを最適に回す「設計図」は存在しますが、人事的な組織図はありません。

各人がチームや会社が必要とするものをかぎ取り、できる限り貢献するだけです。

部署をまたいで仕事をしたり、個別のプロジェクトに参加したり、マネジメントと現場を兼業したり、自分の能力を自由に最大限発揮しやすい環境を提供しています。

社内で能力を消化しきれない場合は社外で発揮することもできます。

つまり副業・起業は自由です。

人事的な組織図がないのでリーダーや責任者的な役割を果たす人はチーム内からの自然発生に任せます。

3　休日、働く場所、時間はすべて自分で決めてください

働く時間、場所、休み、すべては個人にゆだねられています。

お客様やチームメンバーに迷惑や負担をかけないことを大前提として、働き方は自由でいいと考えています。

私たちのこの会社は給与が労働時間や作業内容にひもづいて、その人の生み出した価値に対して対価が払われます。

そのため働く場所も時間も休みも、各々が自由に設計することができます。

4　仕事を与えてくれる上司はいません

うちの会社には上司はいません。

部下もいません。

仕事はこなすだけの作業ではありません。

会社やチーム、仲間や顧客のために何ができるのかを自ら感じ取り、上手に役割分担をしていく必要があります。

とにかく仲間とたくさんコミュニケーションをとって、自らの貢献スタイルを発見することです。

5　代表者・役員は選挙で決めます

100パーセントフェアな組織運営を目指す私たちには、本来は役割としての代表や役員は必要がないと思っています。

なぜなら私たちが目指す組織においては責任の所在や意思決定が組織全体に分散しているので、現法の定義する取締役会の役割が必要ないためです。

しかし現法では株式会社には1人以上の取締役が必要とされています。

そこでもっとも相性のよい役員の決め方を考えた結果、私たちは1年ごとに選挙をし、流動性を保たせることになりました。

6 雑談を大切に。ディスカッションとリフレクションについて

雑談には本音が出ます。

そして私たちには稟議も決済権もないので、その場で意思決定をすることができます。

雑談がもっとも効率のいい組織コミュニケーションであることを私たちは知っています。これは肩書きや組織図や人事部のない組織を維持させるために必要不可欠なものです。

会社やチームの中で、自分の能力を最大限活用できるポジションを見つけるためには、仲間とのコミュニケーションであるディスカッションとリフレクション

がもっとも効果的です。

個人の能力が高くても、組織に必要とされなければ意味がありません。

そのミスマッチをなくすためにチームと常に相談をしましょう。

7　オフィスはみんなで作ります

オフィスは会社の象徴であり、みんなの共有財産です。

オフィスデザインなど、専門的な知識を有する場合を除き、全員にオフィスを作る権利があります。

全員の共有財産を積極的に守り、メンテナンスをするために、掃除や整理整頓を心がけています。

私たちは定例で週次で掃除、3カ月に一度の中掃除、つまり断捨離、年末の大掃除を実施しています。

8　個人の給与は「お金の使い道のひとつ」にすぎません

給与は会社にとってはお金の使い道のひとつでしかありません。
個人の給与額は、そもそも会社全体のことを考えなければ決めることができません。
また重要なのは給与額が多いかどうかではありません。
「適正」であることが重要だと考えます。
上司のいない私たちは「相場」によって給与を決めます。
半年に一度「お金の使い方会議」を実施することで社内の給与相場を整えます。
お金の使い方会議には3つのガイドラインがあります。

❶客観的、定量的、データ、事実を明らかにする
市場価値、マーケットバリュー

個人、チームの成果
会社の業績

❷共有資産への貢献を見る
チーム、仲間への貢献
ビジネスモデルへの貢献
会社のしくみへの貢献

❸相場をくずすモノを考慮してはいけない
将来への期待値
自己評価
一定期間での成果
業務内容の変化

9 あの経費はどれだけの価値を生みましたか？

経費に対する考え方として会社として重要なことは「価値のあるお金の使い方」であると考えます。

価値のあるお金をたくさん使い、価値のないお金を使わないことを全社として実現するために、経費や新しいサービスの利用、備品の購入などはすべて個人の裁量に委ねています。

同時に、無駄な経費を生まないために、会計や経費の内訳などすべての情報を公開することで自浄作用が働くような環境を整えています。

経費の情報が公開されるとすべてに説明責任が発生するので、経費を使うときに頭を働かせるようになるという効果もあります。

10　超えろ！ 30万円の壁

私たちは長い間、給与査定のための会議を繰り返してきた結果、社内でも世の中でも一人前とみなされる実力に達するには、基本給＋実力給の合計が30万円を超える必要があるという結論に達しました。

社内相場・マーケット相場で給与を決めるので、この「30万円の壁」を超えると世の中でも通用するといっても過言ではありません。

11　手当は厚め、賞与は業績に連動「しません」

基本給と実力給以外に、勤続手当、年齢手当、住居手当、通勤手当、子ども手当、慶弔手当があります。

給与を決める場は5月・11月の半年に一度の会議で、相場で動かす給与は実力給のみになります。

賞与は6月・12月の半年に一度に支給されますが、賞与のための査定はありません。

基本給と実力給の合計月給の0・5カ月分がそれぞれ支払われます。

うちの会社にはインセンティブも業績連動給もありません。

仕事とお金を直接的に結びつけないので、お金のために仕事をしない環境を作っています。

手当てなどの制度に実態とのひずみが出た場合には全員からのアンケートにより改善を加える場合もあります。

おわりに

サバイバルジャーニーガイドをここまで読んだあなたは、もうダイヤモンドメディアを生き抜くための知識を身につけました。

ここからは実際の体験を通じて、具体的な働き方を体感していってください。

著者紹介

武井浩三（たけい・こうぞう）

ダイヤモンドメディア株式会社

会社設立時より経営の透明性をシステム化。「給与・経費・財務諸表をすべて公開」「役職・肩書を廃止」「働く時間・場所・休みは自分で決める」「起業・副業を推奨」「社長・役員は選挙と話し合いで決める」といった独自の企業文化は、「管理しない」マネジメント手法を用いた日本初のホラクラシー企業として徐々に注目を集めるようになった。現在では不動産テック・フィンテック領域におけるITサービスを中心にサービス展開を進める一方、ホラクラシー経営の日本における実践者としてさまざまな媒体への寄稿・講演・組織支援などもおこなう。

第3回（2017）ホワイト企業大賞受賞。

＊本書は、2016年12月〜2017年12月にダイヤモンドメディア社が取り上げられた各種メディアの記事、およびダイヤモンドメディア社コーポレートサイトの記事を再編集した作品です。

会社からルールをなくして
社長も投票で決める会社をやってみた。
人を大事にするホラクラシー経営とは?

2018年3月26日　第1版第1刷発行

著者　武井浩三
発行者　玉越直人
発行所　WAVE出版
〒102-0074　東京都千代田区九段南3-9-12
TEL 03-3261-3713　FAX 03-3261-3823
振替 00100-7-366376
E-mail: info@wave-publishers.co.jp
http://www.wave-publishers.co.jp
印刷・製本　中央精版印刷

NDC916 187p 19cm
ISBN978-4-86621-130-5